ARD-Ratgeber Recht

Herausgeber

Karl-Dieter Möller

Thomas Nell

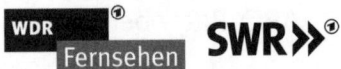

Eine Produktion des Westdeutschen Rundfunks Köln
und des Südwestrundfunks
in Zusammenarbeit mit den Verbraucherzentralen

verbraucherzentrale

Vom Zusammenzug bis zur Trennung, von der Geburt gemeinsamer
Kinder bis zum Erbfall – alle wesentlichen Rechtsfragen rund um die
nichteheliche Lebensgemeinschaft werden systematisch und umfassend
beantwortet. Beispiele, Mustertexte und Checklisten sorgen für Verständnis und helfen den Alltag rechtssicher zu gestalten. Die aktuellen
Gesetzesreformen 2008 und ihre weitreichenden Folgen sind bereits
berücksichtigt.

Karin Vetter ist als Rechtsanwältin und Mediatorin in Rastatt tätig. Zu
ihren Schwerpunkten zählen Vertragsgestaltungen und Erbrecht.

Karin Vetter

Nichteheliche Lebensgemeinschaften

verbraucherzentrale

	Ratschlag
	Wichtig
	Checkliste
	Musterbrief
	Rechtsprechung

Bibliografische Information Der Deutschen Bibliothek
Die Deutsche Bibliothek verzeichnet diese Publikation in der
Deutschen Nationalbibliografie; detaillierte bibliografische Daten sind
im Internet über http://dnb.ddb.de abrufbar.

Diese Publikation erscheint im Rahmen der Verlagsgemeinschaft
STIFTUNG WARENTEST und Verbraucherzentrale
Nordrhein-Westfalen e.V.

© 2008 Verbraucherzentrale NRW, Düsseldorf

Internet: www.vz-nrw.de

ISBN 978-3-940580-01-6

Liebe Leserin, lieber Leser,
und natürlich auch: Liebe Zuschauerin,
lieber Zuschauer des ARD-Ratgeber Recht,

die Welt wird täglich komplizierter. Die Welt der Paragrafen sowieso. Ständig wächst der Berg von Verordnungen, Gesetzen, Urteilen und Meinungen. Die Paragrafenwelt verständlicher für Sie – unsere Leser und Zuschauer – ausfallen zu lassen, das ist das erklärte Ziel des ARD-Ratgeber Recht.

Es gibt dabei wenige Sendungen in der deutschen Fernsehlandschaft, die Sie, unsere Zuschauer, so häufig zu Papier und Füller greifen lassen (oder Sie dazu bringen, Ihr Mail-Programm zu starten), wie der ARD-Ratgeber Recht. Dafür bedanken wir uns – und auch für das Vertrauen, das Sie in uns setzen. Leider dürfen und können wir Ihnen nicht die umfangreichen Auskünfte geben, die wir Ihnen gern geben würden. Denn unser Programmauftrag besteht darin, Rechtsprobleme und juristische Fragen auf einer leicht verständlichen Ebene aufzuarbeiten. Die Rechtsauskunft und die Rechtsberatung im Einzelfall gehören nicht dazu.

Umfangreichere Informationen, die die Sendungen ergänzen, bieten wir dem interessierten Publikum seit vielen Jahren mit der Buchreihe zum ARD-Ratgeber Recht an. Die beiden ARD-Sender, die den ARD-Ratgeber Recht produzieren, nämlich der Südwestrundfunk (SWR) und der Westdeutsche Rundfunk (WDR), betreuen diese neue Reihe gemeinsam. Ziel ist, verständliche und erschwingliche Bücher zu den juristischen Themen aus unseren Sendungen anzubieten. Unsere erfahrenen und juristisch geschulten Autoren können in allgemein verständlichen Ausführungen die Ratsuchenden bestens begleiten. Ein klarer Aufbau soll dem Leser einen schnellen Zugriff auf die gesuchten Informationen gewährleisten. Dazu gibt es Musterbriefe von Experten, Tipps und Ratschläge. Ein Anhang stellt die Verbindung zu den Beiträgen her, die SWR und WDR in ihren jeweiligen Ausgaben gesendet haben. Im Internet finden Sie darüber hinaus weitere sendungsbezogene Informationen.

Unser wichtigstes Anliegen ist es, Ihnen – ausgehend von den Berichten und Reportagen unserer Sendungen – vertiefende und alltagsnahe Informationen zur Verfügung zu stellen, die Sie bei der Lösung Ihrer persönlichen rechtlichen Probleme unterstützen – also, die Paragrafenwelt begreifbarer zu machen.

Mit Dank für Ihre freundliche und kritische Begleitung unserer Arbeit!

Karl-Dieter Möller
ARD-Fernsehredaktion Recht und Justiz
Südwestrundfunk Karlsruhe

Thomas Nell
Programmgruppe Wirtschaft und Recht
Westdeutscher Rundfunk Köln

Vorwort

Mit dem vorliegenden Buch soll ein umfassender und pragmatisch hilfreicher Überblick über das Gebiet der nichtehelichen Lebensgemeinschaft – gleichgültig ob zwischen gleichgeschlechtlichen Partner oder verschieden geschlechtlichen Partnern – gegeben werden.

Zur besseren Handhabung folgt der Ratgeber deshalb in allen Kapiteln demselben Grundmuster: **Aufbau des Ratgebers**

- Zunächst wird ein Fallbeispiel dargestellt, auf das dann im Rahmen der nachfolgenden Darstellung Bezug genommen wird.
- Sodann folgt unter der Überschrift »Rechtliche Ausgangslage« stets die Darstellung der rechtlichen Gegebenheiten.
- Unter den Überschriften »Folgen bei Zusammenleben« und »Folgen bei Trennung« werden dann die praktischen Folgen, die sich aus der gegebenen Rechtslage ableiten lassen, dargestellt.
- In den »Checklisten« wird darauf aufmerksam gemacht, was dringend geregelt werden muss, um spätere Streitigkeiten zu vermeiden oder anderweitigen Nachteilen vorzubeugen.

Im Ratgeber sind Musterformulierungen aufgenommen worden, um zu zeigen wie eine vertragliche Regelung getroffen werden könnte. Da jedoch die meisten Materien wie beispielsweise Unterhalt, Vermögensausgleich oder erbrechtliche Gestaltungen außerordentlich komplex sind, wird dringend davon abgeraten, selbst »zusammengezimmerte« Verträge zur Regelung der rechtlichen Angelegenheiten anzufertigen.

Kein Mensch käme auf die Idee, ohne Pilotenschein ein Flugzeug über den Atlantik zu fliegen. Der Versuch, die Vielschichtigkeit einer nichtehelichen Lebensgemeinschaft selbst juristisch durch einen Vertrag regeln zu wollen, ist vergleichbar.

Für eine wirklich rechtssichere und tatsächlich sinnvolle Lösung sollte immer ein entsprechend spezialisierter Anwalt aufgesucht werden, da schlechte Verträge oft noch schlimmer sind als gar keine Verträge.

Und vergessen Sie in diesem Zusammenhang nie, dass Vertrauen gut ist, Verträge aber besser – und dass im Übrigen Verträge gemacht werden sollten, solange man sich noch verträgt.

Rastatt, Januar 2008   Karin Vetter

Inhalt

Kapitel 5
Erben und Vererben

Kapitel 6
Und was sagt das Finanzamt?

Kapitel 7
Die nichteheliche Lebensgemeinschaft und ihre finanziellen Ansprüche gegenüber öffentlichen Stellen

Kapitel 8
Wenn Sie zusammen arbeiten oder ein Geschäft haben

Kapitel 9
Sicherheit bei Versicherungen

Kapitel 10
Wer haftet für Schulden?

Kapitel 11
Allgemeine Hinweise und Tipps

Anhang

Stichwortverzeichnis

Abkürzungen

Abs.	Absatz
AG	Aktiengesellschaft
AGG	Allgemeines Gleichbehandlungsgesetz
Art.	Artikel
BGB	Bürgerliches Gesetzbuch
GmbH	Gesellschaft mit beschränkter Haftung
OHG	Offene Handelsgesellschaft

Kapitel 1
Der Begriff der nichtehelichen Lebensgemeinschaft

Tick, Trick und Track haben viele Jahre gemeinsam mit ihrem Onkel Donald unter einem Dach gewohnt. Nun sind die Jungen flügge geworden und wollen auch in punkto Wohnkultur eigene Wege gehen.

Fallbeispiel

Tick und Trick mieten gemeinsam eine Wohnung an. Außerdem beschließen sie, sich gemeinsam ein Wohnmobil anzuschaffen, das zunächst beiden gemeinsam gehören soll. Durch Nebenjobs bei ihrem reichen Onkel Dagobert wollen sie Geld erwirtschaften, das sie dann für den Erwerb und den Unterhalt des Wohnmobiles verwenden wollen, wobei jeder die Hälfte der Kosten tragen soll.

Track dagegen will zunächst auf Probe mit seiner Freundin zusammenziehen. Donald sieht durch den Auszug seiner Neffen die große Chance, endlich mit seiner langjährigen Freundin Daisy zusammenzuziehen.

Außerdem eröffnen Donald und Daisy gemeinsam ein Wäschegeschäft, in dem sie insbesondere daunengefüllte Bettwäsche verkaufen und vertreiben. An diesem Geschäft sind sie beide jeweils zur Hälfte beteiligt.

Bei einem gemeinsamen Familientreffen bei Onkel Dagobert entsteht die Frage, ob nunmehr alle in einer nichtehelichen Lebensgemeinschaft zusammenleben oder vielleicht sogar gar keiner.

1. Was die nichteheliche Lebensgemeinschaft nicht ist

1.1 Abgrenzung zu familienrechtlichen Instituten

Verlöbnis Das Verlöbnis ist eine Vorstufe zur Ehe. Damit ein Verlöbnis gegeben ist, muss es einen gemeinsam begründeten Plan für eine künftige Eheschließung geben. Das bedeutet, dass das Versprechen, das dem Verlöbnis zugrunde liegt, auf die Gründung einer dauerhaften ehelichen Lebensgemeinschaft abzielen muss.

Es kann nicht davon ausgegangen werden, dass ein Verlöbnis durch ein faktisches Zusammenleben oder wechselseitige Liebeserklärungen stillschweigend zustande kommt. Zwingend ist, dass sich die beteiligten Personen über ihre Eheschließungsabsicht ausdrücklich einig sind. Außerdem gehört zum Verlöbnis, dass seine Dauer zeitlich begrenzt ist.

Kennzeichen Kennzeichen des Verlöbnisses ist somit der beidseitige Wille einer auf Dauer angelegten andere gleichartige Beziehungen ausschließenden Lebensgemeinschaft. Im Fallbeispiel kann betreffend Donald und Daisy nicht von einem Verlöbnis ausgegangen werden, solange die beiden sich hierüber nicht ausdrücklich geeinigt haben bzw. die Eheschließung ernsthaft und beidseitig beabsichtigen.

Wenn ein Verlöbnis vorliegt, knüpft der Gesetzgeber hieran unterschiedliche Folgen, die auch im Bürgerlichen Gesetzbuch (BGB) geregelt sind. Hierzu gehört beispielsweise die Verpflichtung Zuwendungen wie Geschenke, zurückzugeben, wenn das Verlöbnis aufgelöst wird. Auch können Schadensersatzansprüche unter Umständen gegeben sein.

Da ein Verlöbnis offensichtlich Parallelen zu einer nichtehelichen Lebensgemeinschaft aufweist, wäre es denkbar, dass die gesetzlichen Vorschriften über ein Verlöbnis auch auf eine nichteheliche Lebenspartnerschaft angewandt werden. Das ist aber nicht der Fall.

Familienrechtliche Regelungen werden grundsätzlich nicht auf das Recht der nichtehelichen Lebensgemeinschaft angewandt; weder direkt noch indem man die Regeln entsprechend, das heißt durch Übertragung, auf die nichteheliche Lebensgemeinschaft anwendet.

Der entscheidende Unterschied zwischen einer nichtehelichen Lebensgemeinschaft und einem Verlöbnis besteht somit in der fehlenden Eheschließungsabsicht der beiden Partner.

Ehe

Der zivilrechtlichen Ehe liegt eine von beiden Partnern gegenüber der hierfür zuständigen staatlichen Stelle abgegebene Willenserklärung über das Zustandekommen der Ehe zugrunde. Sie ist auf Dauer durch einen Hoheitsakt geschlossen und kann nur durch ein richterliches Urteil wieder aufgehoben bzw. aufgelöst werden. Die Ehe ist eine rechtlich verbindliche Form der Lebensgemeinschaft für die sich die beiden Partner entscheiden. Damit liegt der Unterschied zur formlos möglichen nichtehelichen Lebensgemeinschaft auf der Hand.

Fazit

Die nichteheliche Lebensgemeinschaft ist somit weder parallel zur Ehe noch parallel zum Verlöbnis zu sehen; entsprechende gesetzliche Regelungen finden hierauf keine Anwendung.

1.2 Abgrenzung zu den Gesellschaftsformen des Zivil- und Gesellschaftsrechtes

Da es keine gesetzliche Definition der nichtehelichen Lebensgemeinschaft gibt, stellt sich die Frage, ob diese Form des Beziehungs- bzw. Familienlebens durch die Regelungen betreffend anderer Gesellschaftsformen erfasst werden kann.

Hintergrund ist das praktische Bedürfnis, die Rechtsverhältnisse in einer nichtehelichen Lebensgemeinschaft zu klären und zu regeln und insbesondere für den Streitfall eine Handhabung durch Anwendung geltenden Rechtes zu haben. Deshalb wird unter Juristen immer wieder versucht zu einer Definition zu kommen oder andere gesellschafts-

rechtliche Regelungen auf die nichteheliche Lebensgemeinschaft anzuwenden.

**GmbH, AG
und OHG** Zieht man das Gesellschaftsrecht für einen Vergleich he-
ran, scheiden Kapitalgesellschaften, also die GmbH und
die AG, von vornherein aus.

Auch eine OHG (Offene Handelsgesellschaft) kommt
schwerlich in Betracht. Bei dem Zusammenschluss von
mindestens zwei Personen mit der Absicht, ein Handelsgewerbe zu betreiben, entsteht automatisch eine OHG.

Sollten also parallel zu ihrer nichtehelichen Lebensgemeinschaft die beiden Partner ein wie auch immer gear-
tetes Handelsgewerbe oder kaufmännisches Unternehmen
betreiben, entsteht eine OHG. Somit können Donald und
Daisy hinsichtlich ihres gemeinsamen Betriebes als OHG
aufgefasst werden. Ihre private Beziehung hat damit allerdings nicht das Geringste zu tun.

**BGB-Gesell-
schaft** Einzige Gesellschaftsform, die für die nichteheliche Lebensgemeinschaft überhaupt anwendbare Rechtsvorschriften enthalten könnte, ist somit die Gesellschaft bürgerlichen Rechtes (BGB-Gesellschaft).

**Voraus-
setzungen** Eine BGB-Gesellschaft hat nur geringe Anforderungen.
Sobald die an der jeweiligen Gesellschaft beteiligten Personen einen bestimmten gemeinsamen Zweck verfolgen
und zu dessen Erreichung Beiträge erbringen, die finanzieller Natur sein können, die aber auch durch Arbeitsleistung gebracht werden können, spricht man bereits von einer BGB-Gesellschaft.

 Im allgemeinen Lebensalltag entstehen sehr häufig BGB-
Gesellschaften, ohne dass es den Beteiligten bewusst wäre,
da diese vor allem dadurch gekennzeichnet sind, dass sie
sich sehr schnell wieder auflösen.

Würden Tick, Trick und Track beispielsweise vereinbaren
ein gemeinsames Grillfest zu veranstalten für das jeder
einen bestimmten finanziellen Betrag aufwendet, hätten
sie im Rahmen dieser Vereinbarung bereits eine BGB-
Gesellschaft gegründet. Mit Abschluss des Grillfestes löst
sich diese BGB-Gesellschaft dann wieder auf.

Demgegenüber können Tick und Trick hinsichtlich ihres **Beispiel** Wohnmobiles als auf Dauer angelegte BGB-Gesellschaft aufgefasst werden. Der gemeinsame Zweck dieser Gesellschaft besteht in der Anschaffung eines Vermögenswertes. Die Einlage, die jeder Gesellschafter erbringt, ist die Zahlung der von ihm durch den Nebenjob erwirtschafteten Gelder zur Finanzierung der Anschaffung und des Unterhaltes des Wohnmobiles.

Es wurde in der Vergangenheit immer wieder diskutiert, ob nicht die Regelungen der BGB-Gesellschaft zumindest entsprechend auf die nichteheliche Lebensgemeinschaft angewandt werden könnten. Naturgemäß gehört zu einer langfristigen nichtehelichen Lebensgemeinschaft, dass auch Vermögensgegenstände angeschafft werden, wobei diese Werte nicht nur gemeinschaftlich geschaffen, sondern auch genutzt werden. Im Ergebnis hat sich diese Ansicht jedoch nicht durchgesetzt.

Hintergrund ist, dass die Gerichte konsequent in zahlreichen Entscheidungen dargelegt haben, dass bei einer nichtehelichen Lebensgemeinschaft die persönlichen Beziehungen so deutlich im Vordergrund stehen, dass selbst bei Investitionen oder sonstigen finanziellen Projekten der nichtehelichen Lebensgemeinschaft gerade keine Rechtsgemeinschaft besteht, sondern eine individuelle, auf emotionaler Bindung beruhende Lebensgemeinschaft.

Weder gesellschaftsrechtliche Normen noch Vorschriften aus dem Familienrecht können herangezogen werden, um die Rechtsverhältnisse zwischen den Partnern einer nichtehelichen Lebensgemeinschaft, gerade im Streitfall, zu regeln.

2. Was die nichteheliche Lebensgemeinschaft ist – eine Begriffsbestimmung

Da es keine gesetzliche Definition der nichtehelichen Lebensgemeinschaft gibt, wird immer wieder versucht, diesen Begriff in irgendeiner Form zu definieren, um die Abgrenzung von einem bloßen »Zusammenwohnen« hin zu einer nichtehelichen Lebensgemeinschaft festzulegen.

Das Bundesverfassungsgericht hat beispielsweise folgende Definition gegeben: »Gemeint ist ... eine Lebensgemeinschaft zwischen einem Mann und einer Frau, die auf Dauer angelegt ist, daneben keine weitere Lebensgemeinschaft gleicher Art zulässt und sich durch innere Bindungen auszeichnet, die ein gegenseitiges Einstehen der Partner füreinander begründen, also über die Beziehung in einer reinen Haushalts- und Wirtschaftsgemeinschaft hinausgehen.«

Als entscheidendes Merkmal sollte hierbei das wechselseitige »füreinander Einstehen« gesehen werden.

Weshalb das Bundesverfassungsgericht in der zitierten Entscheidung von der Lebensgemeinschaft zwischen Mann und Frau spricht, ist aus heutiger Sicht kaum noch nachvollziehbar. Entscheidendes Merkmal ist mit Sicherheit, dass die Partner – gleichgültig ob es sich um eine gleichgeschlechtliche Beziehung oder um eine heterosexuelle Beziehung handelt – füreinander einstehen wollen und wechselseitige Verantwortung übernehmen. Auch das Ausschließlichkeitsmerkmal betreffend der emotionalen Bindung spielt eine Rolle.

Definition Im Ergebnis können somit drei zentrale Merkmale festgehalten werden:

● Ein Zusammenleben, das darauf angelegt ist, von Dauer zu sein.

● Der Charakter der Lebensgemeinschaft als eine umfassende Lebensgemeinschaft, zu der gemeinsames Wohnen, Wirtschaften und auch die geschlechtliche Gemeinschaft gehören.

● Das Fehlen einer formalen Ehe.

Zusammenziehen »auf Probe« Insofern ist das Zusammenziehen von Track und seiner Freundin »auf Probe« noch nicht als nichteheliche Lebensgemeinschaft anzusehen. Für beide ist ungewiss, ob die Beziehung und das Zusammenleben tatsächlich auf Dauer angelegt ist. Dies ist beiden bewusst. Juristisch läge somit keine nichteheliche Lebensgemeinschaft vor.

Demgegenüber ist bei Donald und Daisy mit Sicherheit von einer nichtehelichen Lebensgemeinschaft auszugehen. Die beiden wollen auf Dauer zusammen leben, das Zusammenleben soll auch umfassend sein, im Sinne von gemeinsamem Wohnen, Wirtschaften und Geschlechtsgemeinschaft.

3. Praxisfolgen – Regelungsbedarf

Es gibt keine speziellen Rechtsvorschriften, die helfen, die rechtlichen Verhältnisse in einer nichtehelichen Lebensgemeinschaft zu regeln. Das ist vor allem dann der Fall, wenn die Partner sich trennen und ihre Vermögensverhältnisse neu ordnen müssen. Hilfsweise müssen dann allgemeine Gesetze herangezogen werden.

Das Gesetz hilft nicht weiter

Das bedeutet in der Praxis eine enorme Unsicherheit und Unklarheit, die im Grunde genommen nur durch Verträge zwischen den Partnern beseitigt werden kann.

Schließen Sie einen solchen Vertrag grundsätzlich zu Beginn einer nichtehelichen Lebensgemeinschaft. Denn ist einmal Streit entstanden, ist die Möglichkeit, einen für beide Seiten als fair empfundenen Vertrag abzuschließen, oft auf Null reduziert. Bei der Abfassung eines solchen Vertrages sollte in jedem Falle immer ein Rechtsanwalt hinzugezogen werden.

Man sollte sich durch eventuelle Kosten nicht schrecken lassen, da bei Eintritt des »worst case« erheblich höhere Kosten entstehen können und eine langfristige emotionale Belastung entstehen kann, die in Geld ohnehin nicht aufgewogen werden kann.

Außerdem ist daran zu denken, dass bei einem harmonischen Verhältnis die Bereitschaft, sich gemeinsam um eine faire Lösung zu bemühen, noch gegeben ist, was jedoch bei einem streitigen Auseinandergehen, bei dem dann oft genug emotionale Faktoren mit in die Streitpositionen hineinfließen, viel schwieriger ist.

Kapitel 2
Wie sind die rechtlichen Verhältnisse im Bereich der gemeinsamen Wohnung?

1. Zusammenziehen der Partner und das gemeinsame Wohnen

Romeo bewohnt bereits seit längerer Zeit eine geräumige Wohnung in der Veroneser Straße. Er und seine Freundin Julia sind bereits seit mehreren Jahren ein Liebespaar. So beschließen beide, dass Julia zu Romeo in die Wohnung zieht, wogegen auch der Vermieter William nichts einzuwenden hat. Damit alles seine rechtliche Ordnung hat, wird der zwischen Romeo und William bestehende Mietvertrag abgeändert und Julia in den Mietvertrag aufgenommen.

Doch schon nach kurzer Zeit müssen Romeo und Julia feststellen, dass das Zusammenleben nicht funktioniert. Es kommt immer öfter zu Streitigkeiten, die aus Romeos Sicht daran liegen, dass Julias Familie ihn nicht akzeptiert und gegen ihn hetzt. Alles Zureden hilft nichts und unter dem Gesichtspunkt »lieber ein Ende mit Schrecken als ein Schrecken ohne Ende« trennen sich beide, was Julias Auszug zur Folge hat.

Der Kontakt zwischen Romeo und Julia bricht vollkommen ab.

Umso überraschter ist Julia, als sie ca. eineinhalb Jahre später einen Mahnbescheid von William in ihrem Briefkasten findet, mit dem dieser Mietrückstände in Höhe von 5.000 Euro und außerdem Renovierungskosten in Höhe von 3.000 Euro geltend macht. Zwar haben sich damals die Befürchtungen von Julias Familie, dass Romeo langfristig als finanzieller Versager anzusehen sein wird, bewahrheitet, doch hilft Julia die

> Richtigkeit dieser Ansicht nicht weiter, weshalb sie einen Anwalt aufsucht, um sich gegen die Forderungen zur Wehr zu setzen.

1.1 Rechtliche Ausgangslage bei Zusammenzug

a) Anmietung einer neuen Wohnung

Plant eine nichteheliche Lebensgemeinschaft, gemeinsam eine neue Wohnung anzumieten, ist der Vermieter grundsätzlich nicht verpflichtet, einen Mietvertrag abzuschließen. Dies ist er aber ohnehin nicht, da grundsätzlich keinem Vermieter ein Vertragspartner durch irgendeine Rechtsvorschrift aufgezwungen werden kann.

Der Vermieter ist bei der Auswahl seiner künftigen Mieter vollkommen frei, hat jedoch unter bestimmten Voraussetzungen die Regelung des allgemeinen Gleichstellungsgesetzes (AGG) zu beachten.

Beachten Sie in der Praxis bitte, dass es keinen Sinn macht, einem Vermieter Märchen zu erzählen und womöglich sogar zu behaupten, man sei verheiratet, habe jedoch lediglich unterschiedliche Nachnamen beibehalten. Auch die Behauptung, man wolle in absehbarer Zeit heiraten, sollte nicht aufgestellt werden, wenn dies nicht zutrifft. Machen Sie sich immer klar, dass der Vermieter in Folge solcher unwahrer Angaben die Möglichkeit haben kann, den Vertrag wegen arglistiger Täuschung anzufechten. Seien Sie deshalb ehrlich, um das Verhältnis mit einem möglichen Vermieter nicht unnötig zu belasten.

Anfechtung des Vertrages wegen arglistiger Täuschung

b) Zuzug des einen Partners zum anderen

Grundsätzlich ist kein Mieter berechtigt, ohne Erlaubnis seines Vermieters dauerhaft andere Personen in seine Wohnung aufzunehmen oder die Wohnung unterzuvermieten (§ 540 BGB).

Da Lebenspartner auch nicht als »Angehörige« im Sinne des Gesetzes zu verstehen sind, greifen Ausnahmevorschriften für diesen Personenkreis, zu dem insbesondere Ehegatten und Kinder gehören, nicht ein.

Gesetzlicher Anspruch

Jedoch hat der Mieter grundsätzlich einen Anspruch darauf, dass er bei Vorliegen eines berechtigten Interesses eine weitere Person in seine Wohnung aufnehmen kann (§ 549 BGB). Und natürlich gehört hierzu der berechtigte Wunsch, im Rahmen einer Beziehung einen gemeinsamen Lebensmittelpunkt durch Zusammenzug zu ermöglichen.

Es gibt zwar »Unzumutbarkeitsgründe«, die jedoch selten dazu führen werden, dass der Vermieter die Zustimmung verweigern kann. Dann müssten schon ganz erhebliche Gründe vorliegen, zumal die Frage, ob der Vermieter sich darauf berufen kann, dass eine nichteheliche Lebensgemeinschaft seinen Moralvorstellungen widerspricht, außerordentlich umstritten ist.

Hätte also William dem Zuzug von Julia nicht zugestimmt, hätte Romeo diesen Anspruch auf Aufnahme seiner Lebensgefährtin auch gerichtlich erstreiten können. Zwar fehlt eine spezialgesetzliche Regelung, aber es hilft das allgemeine Mietrecht über den Begriff des »berechtigten Interesses« weiter.

1.2 Nur ein Partner schließt den Mietvertrag ab

Zusammenzug begründet keinen Vertrag

Gerade im Fall des Zuzuges ist immer zu bedenken, dass nur durch das Zusammenziehen der nachfolgende Partner nicht automatisch in einen Vertrag eintritt.

Damit also im Rahmen einer nichtehelichen Lebensgemeinschaft der in die Wohnung des Partners hinzuziehende Partner Vertragspartei wird, muss der Mietvertrag abgeändert werden, wozu die Unterschriften sämtlicher Beteiligten (!) – also des bisherigen Mieters, des Vermieters und des neuen Mieters – erforderlich sind.

 Zu beachten ist immer, dass ohne Unterschrift auch nicht automatisch ein Untermietvertrag zwischen dem bisherigen Mieter und seinem dazugezogenen Partner entsteht. Manchmal wird der Abschluss eines Untermietvertrages empfohlen, jedoch ist es unter Mietrechtlern streitig, ob ein Untermietvertrag, der sich auf die gesamten Räume einer Wohnung bezieht, überhaupt begrifflich möglich ist. Denn Untermiete bedeutet normalerweise, dass lediglich ein bestimmter abgegrenzter Teil einer Wohnung überlassen wird. **Untermiete**

Da im Falle einer Trennung ein Untermietvertrag keine wirkliche Rechtssicherheit bzw. Klarheit der Situation ermöglicht, sollte man die Finger davon lassen.

Ohne gemeinsamen Vertrag erhält der hinzuziehende Partner lediglich Nutzungsrechte, also die Möglichkeit, sich in der Wohnung zu bewegen und dort zu wohnen. Die Grundlage dafür ist das Bestehen der nichtehelichen Lebensgemeinschaft.

a) Folgen bei Bestand der nichtehelichen Lebensgemeinschaft

Grundsätzlich haftet auf Miete, Nebenkosten und alle sonstigen Kosten der Wohnung beispielsweise durch Renovierungsmaßnahmen nur derjenige, der auch Vertragspartner im Mietvertrag ist. **Wer haftet?**

Für den Hinzuziehenden bietet deshalb die Variante, dass er selbst nicht Vertragspartner wird, den Vorteil, im Falle von Mietausfällen oder anderen Ansprüchen des Vermieters nicht in Anspruch genommen zu werden.

Das gilt genauso für das sogenannte Vermieterpfandrecht. Bestehen nämlich Schulden beim Vermieter, hat dieser die Möglichkeit, bei einem Auszug an den eingebrachten Sachen des Mieters sein Vermieterpfandrecht geltend zu machen und so zu verhindern, dass beispielsweise ein Wäschetrockner aus der Wohnung entfernt wird. Dieses Vermieterpfandrecht hat der Vermieter aber nur gegenüber seinem Vertragspartner. **Vermieterpfandrecht**

Gehört also wie im vorliegenden Beispiel der Wäschetrockner dem hinzugezogenen Partner, der nicht Vertragspartei geworden ist, läuft das Vermieterpfandrecht ins Leere und der Trockner kann aus der Wohnung entnommen werden, selbst wenn Mietzinsrückstände bestehen.

Vorteilhaft ist außerdem, dass der hinzugezogene Partner, der mit Zustimmung des Vermieters in die Wohnung aufgenommen wurde, in den sogenannten »Schutzbereich des Mietvertrages« einbezogen wird.

Versäumt zum Beispiel der Vermieter die notwendige Reparatur einer elektrischen Leitung und kommt es dabei zu einer Verletzung des hinzugezogenen Partners, der nicht Mieter ist, kann er selbstständige Schadensersatzansprüche aus dem Vertrag geltend machen.

Die Juristen sprechen davon, dass der Vermieter für das »Wohl und Wehe« verantwortlich ist, wenn der direkte Vertragspartner – hier also der eigentliche Mieter – der betroffenen dritten Person selbst gegenüber für ihr Wohlergehen verantwortlich ist. Das ist bei einer nichtehelichen Lebensgemeinschaft in jedem Fall zu bejahen.

Außerdem hat der hinzugezogene Partner natürlich das Recht, die Wohnung zu nutzen.

 Diese sehr vorteilhafte Situation des hinzugezogenen Partners hat allerdings erhebliche Nachteile, wenn die nichteheliche Lebensgemeinschaft durch eine Trennung beendet wird.

b) Folgen bei Trennung

Das Nutzungsrecht des hinzugezogenen Partners beruht nur darauf, dass die nichteheliche Lebensgemeinschaft besteht. Wird diese beendet, entfällt die Grundlage für die Berechtigung des hinzugezogenen Partners, die Mieträume zu nutzen. Deshalb kann derjenige, der tatsächlich (juristisch betrachtet) Vertragspartner des Vermieters ist, also der Mieter selbst, verlangen, dass der andere die Wohnung räumt.

Notfalls kann dieses Recht zum »Hinauswurf« gerichtlich durchgesetzt werden und mit Hilfe des Gerichtsvollziehers vollstreckt werden.

 Dies bedeutet, dass derjenige Partner, der hinzuzieht und nicht in den Mietvertrag mit aufgenommen wird, sich immer darüber klar sein muss, dass im Streitfalle die Letzten die Ersten sein werden und insofern derjenige zuerst geht, der zuletzt kommt.

1.3 Wenn beide Partner im Mietvertrag stehen

a) Folgen bei Bestand der nichtehelichen Lebens-gemeinschaft

Sind dagegen beide Vertragspartner geworden, stellt sich die Situation grundsätzlich anders dar. Dabei spielt es überhaupt keine Rolle, ob beide von vornherein Vertragspartner waren oder einer der Partner später hinzugezogen ist und in den Mietvertrag eingetreten ist. Es macht keinen Unterschied.

Gemeinsame Haftung

Wenn beide Vertragspartner sind, entsteht hinsichtlich aller Verpflichtungen aus dem Mietverhältnis, insbesondere der Zahlung der Miete wie auch der Nebenkosten, aber auch aller anderen Pflichten eine Gesamtschuldnerschaft. Das bedeutet, dass der Vermieter grundsätzlich die Auswahl hat, wen er in Anspruch nimmt. Gäbe es zum Beispiel eine interne Vereinbarung zwischen Romeo und Julia, dass grundsätzlich Romeo die Miete bezahlt und Julia die Nebenkosten, und würde Romeo die Miete nicht ausgleichen, könnte der Vermieter sich aussuchen, ob er Romeo oder Julia oder beide in Anspruch nimmt.

Die interne Vereinbarung hilft Julia gegenüber dem Vermieter nicht weiter.

Somit haftet also jeder der beiden Partner für alle Verbindlichkeiten in voller Höhe!

Umgekehrt stehen natürlich alle Rechte jedem der Vertragspartner zu. Aber: In dem Fall, in dem beide Vertragspartner sind, muss die Ausübung von Rechten auch zwingend (!) gemeinschaftlich erfolgen.

Kündigung gemeinsam unterschreiben

Das bedeutet, dass zum Beispiel die Kündigung der Wohnung von beiden gemeinsam unterschrieben werden muss. Unterschreibt nur einer der beiden Partner, ist die Kündigung unwirksam. Deshalb müssen auch bei anderen Rechten, beispielsweise einer Mietminderung, immer beide

Partner unterschreiben. Da es also zwei Vertragspartner auf Seiten der Mieter gibt, muss natürlich auch der Vermieter bei allen seinen Schritten darauf achten, stets beide anzusprechen.

Sollte der Vermieter also beispielsweise ein Verlangen auf Zustimmung zur Mieterhöhung nur an Julia senden, wäre dies nicht ausreichend, um die Mieterhöhung durchzusetzen.

Da beiden Mietern alle vertraglichen Rechte an der Wohnung zustehen, würde im vorliegenden Fallbeispiel, bei dem Julia hinzugezogen und Vertragspartnerin geworden ist, sie selbst einen Anspruch auf Nutzung der Wohnung haben. Hierdurch wird ihre Position im Trennungsfall gestärkt, sollte sie in der Wohnung bleiben wollen.

b) Folgen bei Trennung

Auszug ist keine Kündigung

Da beide Vertragspartner sind, haften auch nach einer Trennung beide dem Vermieter weiterhin auf alle Verpflichtungen aus dem Mietvertrag. Durch einen bloßen Auszug einer der beiden aus der Wohnung wird weder der Mietvertrag verändert, noch beendet oder teilweise aufgelöst. Die Haftung besteht also unabhängig vom tatsächlichen Wohnsitz eines der Vertragspartner fort.

Julia, die aus der Wohnung ausgezogen ist, ohne dafür zu sorgen, dass sie aus dem Mietvertrag entlassen wird, kann tatsächlich vom Vermieter in Anspruch genommen werden und muss die 5.000 Euro Miete sowie die 3.000 Euro Renovierungskosten, tatsächlich bezahlen. Außerdem hat nach der Trennung jeder der beiden Mieter natürlich einen Anspruch darauf, dass er in der Wohnung weiterhin bleibt.

Keine Hilfe durch die Gesetze

Sonderregeln, die es beispielsweise für Eheleute und eingetragene Lebenspartner gibt, finden auf die nichteheliche Lebensgemeinschaft keine Anwendung. Deshalb müssen sich die Partner, wenn sie zu Beginn ihrer Partnerschaft bzw. des Zusammenwohnens keine Vereinbarung getroffen haben, irgendwie einigen. Und selbst wenn diese Einigung gelingt, kann der Vermieter nicht gezwungen werden, den ausziehenden Partner aus dem Mietervertrag zu entlassen. Derjenige der Partner, der auszieht, wird dauerhaft mit dem Risiko leben müssen, irgendwann für Mietverbindlichkeiten des Ex-Partners haften zu müssen.

1.4 Regelungsbedarf und Checkliste

Sollten Sie einen Zusammenzug planen, sei es durch Anmietung einer neuen Wohnung, sei es durch Zusammenzug in eine der Wohnungen der beiden Partner, machen Sie sich folgenden Regelungsbedarf klar:

Zusammenzug in gemeinsame Wohnung

- Wer soll Vertragspartner werden?
- Wie sollen intern die Kosten der Wohnung verteilt werden?
- Wer soll im Streitfalle derjenige sein, der auszieht? Oder muss die Wohnung im Streitfalle von beiden gemeinsam gekündigt werden?

Sollten Sie bereits in einer Wohnung zusammen wohnen, machen Sie sich Folgendes klar:

- Wer ist Vertragspartner?
- Was hat dies für Konsequenzen hinsichtlich aller Rechte und Pflichten aus dem Mietvertrag und sind diese so gewollt?
- Soll die bisherige vertragliche Situation beibehalten werden oder ist eine Änderung sinnvoll?

Um die aufgezeigten Risiken, die sich sowohl in der Variante ergeben, in der lediglich einer Vertragspartner ist, als auch in der Variante, in der beide Vertragspartner sind, zu vermeiden und im Übrigen für den Trennungsfall von vornherein Streitpotential auszuschließen, sollten die Rechtsverhältnisse betreffend der Wohnung durch entsprechende vertragliche Gestaltungen geregelt werden. Beachten Sie hierbei die nachfolgenden Punkte:

Vertragliche Gestaltung

- Vor dem Zusammenzug sollte bereits mit dem Vermieter vereinbart werden, dass dieser dem Mieter gestattet, den Partner der nichtehelichen Lebensgemeinschaft in die Wohnung aufzunehmen. Dies ist insbesondere dann von Interesse, wenn bei einem der Partner ein Umzug ansteht, der andere Partner jedoch zu einem späteren Zeitpunkt erst in die Wohnung einziehen wird. Dann besteht in jedem Falle Rechtssicherheit darüber, dass mit dem Vermieter wegen des Zusammenzuges keine Streitigkeit entstehen wird.

Späterer Zusammenzug

- Prüfen Sie, ob Sie in dieser Konstellation mit dem Vermieter vereinbaren können, dass sowohl der Vermieter als auch der Mieter sich dazu verpflichten, für den Fall, dass der nichteheliche Partner hinzuziehen sollte, den Mietvertrag dahingehend abzuändern, dass der hinzuziehende Partner in den Mietvertrag aufgenommen wird.

Nutzung bei Trennung

- Regeln Sie die Wohnungsnutzung bei Trennung. In diesem Zusammenhang sollten Sie auch mitregeln, wie lange nach einer Trennung die Wohnung noch gemeinsam genutzt werden kann und wer in diesem Zeitraum für welche Kosten verantwortlich ist.

Kosten

- Treffen Sie eine klare Vereinbarung, wer intern für welche Kosten haftet. Insbesondere auch für den Fall des Auszuges und einer eventuell erst später vorliegenden Nebenkostennachzahlung.

- Regeln Sie, wie im Falle des Auszuges einer der beiden Partner die Schönheitsreparaturen vorgenommen werden sollen.

- Prüfen Sie die Vereinbarung eines Übernahmerechtes für einen der Partner im Falle der Trennung. Sollten Sie zu dem Ergebnis kommen, dass derjenige Partner, der gar nicht Vertragspartei ist, die Wohnung im Trennungsfall übernehmen soll, sollten Sie sich mit Ihrem Vermieter darüber absprechen und eine entsprechende Zusatzvereinbarung in den Mietvertrag aufnehmen.

Kündigung

- Prüfen Sie, ob Sie sich gemeinsam zu einer Mitwirkung bei der Kündigung der Wohnung verpflichten wollen. Regeln Sie in diesem Falle auch, wer bei einem früheren Auszug eines der beiden Partner die in der restlichen Vertragslaufzeit anfallenden Kosten zu tragen hat und von wem die Schönheitsreparaturen auszuführen sind.

In diesem Zusammenhang können Sie sich wechselseitig unwiderruflich zur Abgabe der Kündigungserklärung als Vertreter des anderen per Vollmacht einsetzen. Damit erreichen Sie eine maximale Sicherheit darüber, dass im Falle einer Trennung und des Auszuges eines Partners die Wohnung im jedem Falle gekündigt wird. Regeln Sie in diesem Zusammenhang auch die Verpflichtung, die Räumung der Wohnung vorzunehmen.

- Machen Sie sich klar, wer die Kaution bezahlt hat und **Kaution** wer einen Rückerstattungsanspruch haben soll. Der Einfachheit halber ist hier empfehlenswert, dass die Kaution grundsätzlich nur von einem Vertragspartner erbracht wird. Dieses vereinfacht auch für den Vermieter die Situation, da er dann weiß, an wen die Kaution auszubezahlen ist. Andernfalls kann auch hier ein Rechtsstreit vorprogrammiert sein.

- Sollte Ihnen eine Vereinbarung über die Regelung von Miete und Nebenkosten zur Zeit Ihres Zusammenlebens unangemessen erscheinen, können Sie eine Vereinbarung selbstverständlich nur für den Fall der Trennung treffen, bei der Sie die vorstehenden Punkte beachten wollen.

Vorschläge zu Vereinbarungen finden Sie in nachfolgenden Formulierungsbeispielen:

Durch Mietvertrag vom _____ haben _____ und _____ die Mietsache _____ Straße _____, _____ Etage _____ (rechts, links, Mitte) gemietet.

Beidseitige Verpflichtung zur Kündigung

Grundlage des gemeinsam abgeschlossenen Mietvertrages ist unsere nichteheliche Lebensgemeinschaft. Sollte diese nicht mehr fortgesetzt werden, kann jeder von dem anderen die Zustimmung zur Kündigung des Mietverhältnisses zum nächstmöglichen Termin verlangen. Weiterhin kann jeder vom anderen verlangen, dass an allen erforderlichen Erklärungen gegenüber dem Vermieter mitgewirkt wird.

Bereits jetzt verpflichten wir uns, zum Beendigungszeitpunkt des Mietvertrages die Wohnung zu räumen.

Auszug eines Partners

Durch Mietvertrag vom _____ haben _____ und _____ die Mietsache _____ Straße _____, _____ Etage _____ (rechts, links, Mitte) gemietet.

Sollte die nichteheliche Lebensgemeinschaft nicht mehr fortgesetzt werden, ist _____ berechtigt und verpflichtet, aus der gemeinsamen Wohnung auszuziehen. _____ verpflichtet sich bereits jetzt, auf eine Abänderung des Mietvertrages hinzuwirken.

Ab dem Auszugsdatum hat _____ die Kosten der Wohnung vollständig allein zu tragen.

Sollte eine Entlassung aus dem Mietvertrag _____ nicht erreicht werden können, wird intern vereinbart, dass der ausziehende _____ von allen Rechten und Pflichten aus dem Mietvertrag freigestellt wird.

Kündigungsvollmacht

Durch Mietvertrag vom _____ haben _____ und _____ die Mietsache _____ Straße _____, _____ Etage _____ (rechts, links, Mitte) gemietet.

Bereits jetzt bevollmächtigen wir uns wechselseitig und unwiderruflich zur Abgabe einer etwaigen Kündigungserklärung über die vorbezeichnete Mietsache gegenüber dem Vermieter _____ Diese Vollmacht ist im Außenverhältnis unbeschränkt.

Im Innenverhältnis ist Voraussetzung für die Befugnis diese Vollmacht auszuüben, dass das Scheitern der nichtehelichen Lebensgemeinschaft von einem der beiden Partner erklärt wird.

> Durch Mietvertrag vom _____ haben _____ und
> _____ die Mietsache _____ Straße _____,
> _____ Etage _____ (rechts, links, Mitte) gemietet.
> Die per Mietvertrag geschuldete Mieten und Neben-
> kostenlast wird zwischen uns beiden intern wie folgt
> aufgeteilt: _____
> Diese Vereinbarung hat Bestand, solange sich unsere
> Einkommensverhältnisse nicht ändern.
> Nebenkostennachzahlungen werden gemeinsam mit
> einer Quote von _____ bezahlt.

**Miete und
Nebenkosten**

2. Die gemeinsame Haushaltsführung

Fallbeispiel

Thisbe und Pyramus leben bereits seit vielen Jahren in
einem kleinen Haus auf dem Lande. Eigentümer des
Hauses ist Pyramus, dessen romantisches Flair durch
einen wunderschönen Garten abgerundet wird.

Dieser Garten wird ausschließlich von Thisbe gepflegt,
wobei sie insbesondere dem Gemüsegarten ihre Auf-
merksamkeit schenkt, da Pyramus es liebt, abends in
dem Gemüsegarten zu sitzen, und im Übrigen Vege-
tarier ist.

Thisbe führt den Haushalt und Pyramus erwirtschaftet
den Lebensunterhalt durch einen Gärtnereibetrieb mit
einer großen Baumschule.

Trotz all dieser idealen Rahmenbedingungen haben
sich die beiden auseinandergelebt und Thisbe verlässt
Pyramus, da ihr die Eintönigkeit des Landlebens uner-
träglich geworden ist.

Wenige Tage nach Thisbes Auszug erhält Pyramus einen Brief von deren Rechtsanwalt Ovid, mit dem dieser
die Zahlung erheblicher Geldbeträge für die jahrelange
Pflege insbesondere des Gemüsegartens wie auch der
Haushaltsführung beansprucht. Wutentbrannt sucht
Pyramus die in Beziehungsfragen versierte Rechtsanwältin Venus auf und macht seinerseits Ansprüche auf

> Rückerstattung der von ihm zur gemeinsamen Haushaltsführung aufgewendeten finanziellen Mittel geltend.

2.1 Rechtliche Ausgangslage

a) Wie werden Leistungen im Haushalt bewertet?

Es gibt keine spezialgesetzlichen Vorschriften, die die Frage regeln, ob für die Haushaltsführung im Trennungsfalle eine Ausgleichsleistung verlangt werden kann oder ob derjenige, der die finanziellen Mittel für den Lebensunterhalt bereitstellt, Erstattungsansprüche hat.

 Allerdings wird grundsätzlich davon ausgegangen, dass alle Leistungen der beiden Partner, solange die nichteheliche Lebensgemeinschaft besteht, ohne Vergütungsansprüche erbracht werden. Grund sowohl für Leistungen im Rahmen der Haushaltsführung als auch für die Einbringung finanzieller Mittel ist ausschließlich, dass eine gemeinsame Lebensgemeinschaft besteht. Jeder der Partner bringt damit seinen Beitrag zur gemeinsamen Lebens- und Haushaltsführung.

Keine Ausgleichsansprüche Aufgrund dieser allgemeinen rechtlichen Wertung gibt es grundsätzlich keine Ausgleichsansprüche bei einer Trennung – weder für erbrachte Haushaltsleistungen noch für aufgewandte finanzielle Leistungen zur Bestreitung des Lebensunterhaltes. Im Übrigen wird dies juristisch auch aus unterschiedlichen Positionen heraus gerechtfertigt:

b) Kann ein Arbeitsverhältnis vorliegen?

Kein nachträglicher Vertrag Da die Haushaltsführung auf Grundlage der gemeinsamen Lebensplanung basiert, kann nachträglich kein Dienst- oder Arbeitsverhältnis angenommen werden. Denn die erbrachten Dienstleistungen wie beispielsweise Thisbes Gartenpflege erfolgen im Rahmen der gemeinsamen Lebensplanung und Lebensgestaltung.

c) Sind die Grundsätze der BGB-Gesellschaft anwendbar?

Grundsätzlich besteht weitgehend Einigkeit darüber, dass die Vorschriften für die BGB-Gesellschaft auf eine nichteheliche Lebensgemeinschaft nicht angewandt werden. In dem jetzigen Zusammenhang wird jedoch die gesetzliche Wertung, die dem Gesellschaftsrecht entnommen werden kann, zur Begründung für das Fehlen von Ausgleichsansprüchen teilweise auch herangezogen. Denn auch bei einer BGB-Gesellschaft können die Beteiligten für ihre tatsächlichen Leistungen wie zum Beispiel Dienstleistungen, wenn sie als sogenannte Einlage erbracht werden, keinen Ersatz verlangen.

Kein Anspruch aus Gesellschaftsrecht

d) Gibt es die Möglichkeit der Rückforderung von Leistungen?

Daneben bietet das Bürgerliche Gesetzbuch in all den Fällen, in denen die Leistungen ohne Vertrag erbracht werden und hierdurch ein Vermögensvorteil bei einer anderen Person eintritt, die Möglichkeit einer Rückforderung. Man spricht von dem Bereicherungsrecht. Dies ist beispielsweise dann anwendbar, wenn eine Person einen Gegenstand kauft und nach Abschluss des Kaufvertrages feststellen muss, dass er über diesen Gegenstand, beispielsweise die Originalität eines Bildes, getäuscht wurde. Dann kann der Käufer den Kaufvertrag anfechten. In Folge der Anfechtung wird der Kaufvertrag beseitigt. Der bereits bezahlte Kaufpreis befindet sich dann aber immer noch bei dem betrügerischen Verkäufer. Um an diesen zu gelangen gibt das Gesetz die Möglichkeit über einen Bereicherungsanspruch den Kaufpreis zurückzuverlangen. Voraussetzung dafür ist es aber, dass es keinerlei vertragliches Verhältnis gibt, aufgrund dessen derjenige, der bereichert ist, berechtigt wäre den Bereicherungsgegenstand, hier den Kaufpreis, zu behalten.

Hilft das Bereicherungsrecht?

Man könnte nun meinen, dass durch den Wegfall der nichtehelichen Lebensgemeinschaft als Grundlage für die erbrachten Dienstleistungen bzw. finanziellen Leistungen,

Grundlage der erbrachten Leistung solche Ausgleichsansprüche begründet werden können. Dem ist nicht so. Denn die Grundlage für die jeweiligen Leistungen war ja die Gestaltung der betroffenen nicht-ehelichen Lebensgemeinschaft. Es gab somit ausdrückliche oder stillschweigende Absprachen darüber, dass Thisbe den Haushalt führt und Pyramus die erforderlichen finanziellen Mittel für den Lebensunterhalt erwirtschaftet.

Nur dadurch, dass die Lebensgemeinschaft in Zukunft wegfällt, entfällt nicht die Basis für die Vergangenheit, so dass auch das Institut des Bereicherungsrechtes nicht zu irgendwelchen Ausgleichsansprüchen führt.

Im Übrigen sind in Einzelvorschriften des Familienrechtes wie auch des Lebenspartnerschaftsgesetzes gesetzliche Grundgedanken enthalten, aus denen abgeleitet wird, dass bei Bestehen einer engen persönlichen Beziehung, Leistungen, sei es zur Haushaltsführung, sei es finanzieller Art, *nicht* bei Scheitern der Beziehung wechselseitig ersetzt werden sollen.

 Im Ergebnis ist also festzuhalten, dass auf Grundlage der derzeitigen rechtlichen Situation eine Art Gesamtabrechnung der wechselseitig erbrachten Leistungen für die Dauer der Beziehung in Zusammenhang mit der Haushaltsführung nicht verlangt werden kann.

Im obigen Fallbeispiel steht somit weder Pyramus noch Thisbe irgendein Anspruch zu.

2.2 Folgen bei Zusammenleben der Partner

Solange eine nichteheliche Lebensgemeinschaft besteht, wird es in der Regel kein Bedürfnis der beteiligten Partner geben, die rechtlich gegebene Situation zu korrigieren. Anders im Trennungsfall: Gerade derjenige Partner, der eventuell auf eigene Karrierevorteile verzichtet, um die Haushaltsführung zu ermöglichen, kann ein Interesse daran haben, dass ein finanzieller Ausgleich geschaffen wird.

Beachten Sie, dass auch bei einer Pflege eines der Partner die beschriebenen Grundsätze Anwendung finden. Auch hierfür wird keinerlei Ausgleich gewährt.

2.3   Folgen bei Trennung

Für den Trennungsfall bedeutet dies somit, dass eine »Gesamtabrechnung« der Beziehung nicht stattfindet und die Partner mit einer eventuellen Ungerechtigkeit leben müssen. Diese trifft oftmals denjenigen, der sich stärker in die Haushaltsführung eingebunden hat, sofern nämlich der andere Partner infolge der reibungslosen Erwerbstätigkeit zum Beispiel Vermögenswerte erwirtschaften konnte, auf die der andere Partner dann nach der Trennung auch keinen Ausgleichsanspruch hat.

2.4   Regelungsbedarf und Checkliste

Machen Sie sich bewusst, dass es bei einer Trennung in Zusammenhang mit der Haushaltsführung und der Erwirtschaftung des allgemeinen Lebensunterhaltes keine Ausgleichsansprüche gibt, außer Sie vereinbaren sie. Gleiches gilt für den Fall, dass einer der Partner aufgrund der Rollenverteilung mehr Vermögen aufbauen kann als der andere. Unabhängig von der Frage, ob ein Ausgleich stattfinden soll oder nicht, empfiehlt sich in jedem Falle eine, eventuell nur klarstellende, Vereinbarung.

Beachten Sie dabei die Positionen der nachfolgenden Checkliste:

- Soll ein Ausgleich für die Haushaltsführung im Falle einer Trennung geschaffen werden? Falls nein, fixieren Sie dies schriftlich.

Haushalt

- Soll ein Ausgleich für erbrachte finanzielle Mittel zum Lebensunterhalt erbracht werden? Falls nein, fixieren Sie auch dieses schriftlich. Hierbei sollten Sie in der Formulierung darauf achten, dass für den Fall, dass sich die Gesetzgebung bzw. die Rechtssprechung der Gerichte in diesem Zusammenhang ändern sollte, Ihre

Lebensunterhalt

Regelung in jedem Falle Bestand haben soll, soweit dies nicht sittenwidrig ist.

- Wenn ein Ausgleich für die Haushaltsführung geschaffen werden soll, vereinbaren Sie eine klare Regelung.

Finanzierung

Klären Sie die Finanzierung des gemeinsamen finanziellen Bedarfs im Alltag und beachten Sie dabei folgende Punkte:

- Welche regelmäßig anfallenden Kosten (beispielsweise Miete) sollen von welchem Partner für die Dauer der gemeinsamen Beziehung übernommen werden?

- Soll ein gesondertes Konto zugunsten desjenigen Partners angelegt werden, der aufgrund der Haushaltsführung beruflich eventuell benachteiligt ist?

- Soll dieses Kontoguthaben dann im Falle einer Trennung bei dem begünstigten Partner verbleiben?

- Wer übernimmt die Finanzierung von besonderen Ausgaben wie beispielsweise der Anschaffung von Haushaltsgeräten?

- Wer übernimmt die Finanzierung der Kosten für anderweitige Sonderausgaben, wie zum Beispiel Urlaubsreisen?

- Prüfen Sie, ob Sie ein besonderes Konto für die Haushaltskosten bei der Bank einrichten wollen und wer für dieses Konto Vollmacht hat.

- Klären Sie, wem im Fall der Trennung ein etwaiges Guthaben auf diesem Konto zusteht.

Vorschläge zu Vereinbarungen finden Sie in nachfolgenden Formulierungsbeispielen:

**Haushalts-
führung**

_____ führt im Rahmen unserer nichtehelichen Lebensgemeinschaft den gemeinsamen Haushalt. Im Falle einer Trennung soll für die Zeit, in der _____ einer Erwerbstätigkeit nicht nachgekommen ist, eine pauschale Entschädigung in Höhe von _____ bezahlt werden.

Wir stimmen darin überein, dass für den Fall, dass einer von uns den gemeinsamen Haushalt ausschließlich führt, keinerlei Ausgleichsansprüche im Falle einer Beendigung unserer Lebensgemeinschaft bestehen sollen. Dies soll unabhängig davon gelten, ob die Beendigung der Beziehung durch Trennung oder Tod verursacht wird.

Ausgleichsausschluss bei Haushaltsführung

3. Eigentum an beweglichen Sachen

Jill und Tim leben bereits seit mehreren Jahren in einer gemeinsam gemieteten Wohnung in nichtehelicher Lebensgemeinschaft. Da Tim außerordentlich technikbegeistert ist und Jill als Opernliebhaberin auf eine optimale Technik bei der Fernsehübertragung von Musikereignissen Wert legt, bestellt Jill bei einer Fachfirma ein Heimkino mit entsprechender Soundanlage.

Bei Lieferung ist Tim anwesend und nimmt die neuen Geräte in Empfang. Zügig veranlasst Jill die Zahlung der enormen Rechnung von dem gemeinsamen Haushaltskonto.

Bei dem Versuch, die Soundanlage so richtig in Schwung zu bringen und deren Maximalleistung durch technische Änderungen zu optimieren, kommt es zur Explosion der gesamten Anlage. Da sich solches nicht zum ersten Mal ereignet, brennt nunmehr auch bei Jill eine Sicherung durch: Sie packt die Koffer und lässt Tim auf den verkohlten Teilen der Heimkinoanlage sitzen. Wenige Tage später flattert Tim ein Brief von Jills Anwalt Wilson ins Haus, der nach langwierigen rechtsphilosophischen Ausführungen Schadensersatz in Höhe des Kaufpreises der Heimkinoanlage fordert.

Fallbeispiel

3.1   Rechtliche Ausgangslage – Was man über das Sachenrecht wissen muss

a) Abstraktionsprinzip

Trennung von Kaufvertrag und Eigentum Eine Besonderheit des deutschen Rechtes ist das Abstraktionsprinzip. Das bedeutet, dass immer dann, wenn es um das Eigentum von Dingen und Gegenständen geht, streng zu unterscheiden ist zwischen einerseits dem Vertrag, mit dem das Recht auf eine bewegliche Sache erworben wird, in der Regel also dem Kaufvertrag, und der Frage, wer Eigentümer an dieser Sache wird. Nach deutschem Recht sind dies zwei Paar Stiefel.

Der Vertrag begründet Rechte Es wird grundsätzlich unterschieden zwischen dem Vertrag auf der einen Seite und dem Erlangen der Eigentümerstellung auf der anderen Seite. Durch den Abschluss eines Vertrages werden zwischen Käufer und Verkäufer unterschiedliche Pflichten begründet. Der Verkäufer ist verpflichtet, die im Kaufvertrag bezeichnete Sache in unserem Beispiel also das Heimkino zu besorgen und das Eigentum an dieser Sache zu verschaffen. Der Käufer ist verpflichtet, den vereinbarten Kaufpreis zu bezahlen. Dies nennt man den schuldrechtlichen Vertrag.

Wie Eigentum entsteht Auf der anderen Seite wird, abstrakt von diesem Vertrag, die Frage des Eigentums gesehen. Um Eigentümer einer Sache zu werden, ist es notwendig, aber auch ausreichend, wenn der bisherige Eigentümer der Sache und der künftige Eigentümer sich darüber einig sind, dass dieses Eigentum auf den neuen Eigentümer übergehen soll. Außerdem muss der alte Eigentümer dem neuen Eigentümer die Sache übergeben, sodass dieser über sie verfügen kann.

Im Alltag gibt es diese Fälle beispielsweise dann, wenn Sie bei einem Versandhaus ein Geschenk bestellen, welches dann direkt an die beschenkte Person ausgeliefert wird. Den Kaufvertrag schließen Sie zwar ab, bezahlen auch den Kaufpreis, aber Eigentümer wird eine dritte Person, der nämlich die Sache ausgehändigt wird in der Absicht, dass sie Eigentümer werden soll.

Wegen dieser Besonderheit im deutschen Recht, dass nämlich der Abschluss des Kaufvertrages und die Erlangung
des Eigentums als voneinander unabhängige Rechtsgeschäfte betrachtet werden, die somit voneinander abstra-
hiert sind, ergeben sich viele sachenrechtliche Probleme,
wenn es darum geht zu ermitteln, wer Eigentümer einer
bestimmten Sache geworden ist.

Denn daraus, wer einen Kaufvertrag abgeschlossen oder
einen Kaufpreis bezahlt hat, kann nicht automatisch geschlossen werden, dass diese Person auch Eigentümer der
betreffenden Sache ist.

Auch wenn Jill das Heimkino bestellt und die Überwei-
sung von dem gemeinsamen Konto getätigt hat, ist kein
Nachweis dafür erbracht, dass Jill tatsächlich auch Alleineigentümerin des Heimkinos wurde, zumal Tim das Kino
in Empfang genommen hat. Unter dem Gesichtspunkt des
Abstraktionsprinzips ist lediglich offensichtlich, dass Jill
in jedem Falle den Kaufvertrag abgeschlossen hat. Da Tim
aber das Heimkino ausgehändigt wurde, könnte man der
Meinung sein, dass der bisherige Eigentümer, der Händler,
durch Übergabe der Heimkinoanlage Tim das Eigentum
an dieser Sache verschafft hat.

Folglich bedarf es zur Klärung der Frage, wer nun Eigentümer der Heimkinoanlage geworden ist, in der Tat einer
ausführlichen juristischen Prüfung; auch liegt auf der
Hand, wie problematisch aufgrund dieser rechtlichen Vor
gaben gerade im Trennungsfall die Zuordnung von einzelnen Gegenständen zu einem der Partner werden kann.

b) Eigentumstypen

Weiterhin unterscheidet das Gesetz zwischen verschiedenen Arten des Eigentums.

**Das Allein-
eigentum**

Von »Alleineigentum« spricht man, wenn ein Gegenstand
ausschließlich im Eigentum nur einer Person steht.

Man geht deshalb von Alleineigentum auch bei einer nichtehelichen Lebensgemeinschaft immer dann aus, wenn sich
in den gemeinsamen Räumen Gegenstände befinden, die

einer der Partner bei dem Zusammenzug mit eingebracht hat.

Hätte Jill also das Heimkino bereits zum Zeitpunkt des Zusammenzuges besessen, wäre unzweifelhaft klar, dass sie Alleineigentümerin dieses Heimkinos ist. Soweit Tim dann in der Vergangenheit das Heimkino für Baseballübertragungen genutzt hätte, hätte er lediglich eine Mitberechtigung gehabt, er wäre aber nur deshalb, weil das Heimkino in den gemeinsamen Räumen steht, nicht in irgendeine Eigentümerposition nachgerückt.

Das Miteigentum Von »Miteigentum« spricht das Gesetz, wenn ein Gegenstand mehreren Personen gemeinsam gehört. Dies ist immer dann der Fall, wenn mehrere Personen gemeinsam einen Gegenstand erwerben und sich dabei einig sind, dass ein gemeinsames Eigentum, eben das Miteigentum, entstehen soll (zum Beispiel im Bereich von Immobilien ist dies häufig der Fall. Es werden dann beide als Eigentümer in das Grundbuch eingetragen).

Lediglich aus der Tatsache, dass ein Gegenstand vom gemeinsamen Konto bezahlt wurde, kann aber nicht abgeleitet werden, dass tatsächlich Miteigentum entstanden ist. Insofern hilft es Tim in vorliegendem Fall in keiner Weise weiter, dass Jill das Heimkino vom gemeinsamen Konto bezahlt hat. Es gibt keine gesetzlichen Regelungen, aus denen sich ergibt, dass dann automatisch ein Miteigentum vorliegt.

Folgen bei Miteigentum Die Folge des Miteigentums wäre, dass jeder Miteigentümer nur betreffend seinen ihm gehörenden Bruchteil beispielsweise Schadensersatz geltend machen kann. Wären Tim und Jill Miteigentümer zur jeweiligen Hälfte geworden, könnte Jill lediglich den hälftigen Kaufpreis des Heimkinos als Schadensersatz von Tim verlangen.

Da es aber keine gesetzlichen Regelungen gibt, muss in jedem Einzelfall genau nachgeprüft werden, ob aus irgendwelchen Begleitumständen abgeleitet werden kann, ob Miteigentum entstanden ist. Da die Bezahlung von einem gemeinsamen Konto hierfür allein nicht ausreicht, kann im Einzelfall der Nachweis von Miteigentum schwierig werden.

Daneben gibt es noch die Eigentumsform des »Gesamthandseigentums«. Hiervon wird gesprochen, wenn ein Gegenstand mehreren Personen gemeinsam in der Weise gehört, dass sie nur gemeinsam über diesen verfügen können. Dies ist der Unterschied zum Miteigentum. Bei Miteigentum besteht für jeden Miteigentümer die Möglichkeit, seinen lediglich abstrakt benennbaren Miteigentumsanteil beispielsweise an eine andere Person zu verkaufen.

Gesamthandseigentum

Wären Tim und Jill also Miteigentümer des Heimkinos, hätte Jill ihren Anteil am Miteigentum jederzeit an ihren Anwalt Wilson verkaufen können. Dann läge Miteigentum von Wilson und Tim vor.

Anders beim Gesamthandseigentum. Hier kann das Eigentum an einer Sache nur insgesamt übertragen werden. Wäre also das Heimkino als Gesamthandseigentum zu verstehen, könnten Tim und Jill das Eigentum an dem Heimkino nur gemeinsam übertragen.

Folgen bei Gesamthandseigentum

Diese Art des Eigentums gilt beispielsweise für Vermögensgegenstände einer BGB-Gesellschaft. Da aber grundsätzlich die Rechtsregelungen der BGB-Gesellschaft auf eine nichteheliche Lebensgemeinschaft nicht angewandt werden, kann bei der Anschaffung eines Gegenstandes nur deshalb, weil eine nichteheliche Lebensgemeinschaft vorliegt, nicht automatisch davon ausgegangen werden, dass ein solches Eigentum entstanden ist.

c) Vermutung des § 1006 BGB

Um zumindest eine teilweise Abwehr von Jills Schadensersatzanspruch zu erreichen, könnte Tim die Vermutung des § 1006 BGB helfen.

Diese Vorschrift geht davon aus, dass immer dann, wenn eine Person eine bewegliche Sache erhält (hier also die Lieferung des Heimkinos), dies geschieht, um die Sache als Eigentümer im Besitz zu haben. Insbesondere gilt dies für Hausratsgegenstände, die regelmäßig bei ihrer Anschaffung von beiden Partnern so übernommen werden, dass sie die Gegenstände als Eigentümer besitzen wollen. Über diesen Umweg entsteht dann doch Miteigentum.

 Aber: Es sollte beachtet werden, dass es sich hier nur um eine Vermutung handelt, die durch entsprechenden Vortrag einer Seite erschüttert werden kann.

3.2 Folgen

Solange beide Partner ihr Leben gemeinsam gestalten, spielt die Frage, wem was gehört oder wer gegen wen Ausgleichsansprüche geltend machen kann, fast keine Rolle.

Erst in dem Falle, in dem die Partner sich trennen, wird das Problem relevant und dann auch sehr schnell »explosiv«. Es entstehen nämlich gleich zwei Problemfelder:

● Zum einen die Frage, wer was behalten darf
● und zum zweiten die Frage, wer wem welchen Ausgleich in welcher Höhe bezahlen muss.

a) Eingebrachte und mitgebrachte Gegenstände

Eingebrachtes Alle diejenigen Gegenstände, die ein Partner beim Zusammenzug mit eingebracht hat, bleiben natürlich in seinem Alleineigentum. Nur durch das bloße Zusammenziehen oder Einbringen in einen gemeinsamen Haushalt wird der Gegenstand nicht zum Eigentum des anderen Partners.

Gerade bei einem mehrjährigen Zusammenleben kann es allerdings in der Praxis schwierig werden, sich dann noch zurückzuerinnern bzw. darauf zu einigen, welchen Gegenstand welcher Partner tatsächlich mitgebracht hat oder nicht.

Ersatz-
beschaffung Von einer Ersatzbeschaffung spricht man immer dann, wenn ein Gegenstand, der bereits vorhanden war, in Folge Verschleißes außer Funktion gerät und ersetzt werden muss (zum Beispiel ein Fernseher). Bei Eheleuten und bei eingetragenen Partnerschaften gilt dann, dass derjenige, der ursprünglich Eigentümer des Gegenstandes war, dann auch automatisch Eigentümer der Ersatzbeschaffung

wird. Hat in einer Ehe also beispielsweise ein Partner einen Fernseher eingebracht und geht dieser kaputt, wird der Ehegatte, der früher Eigentümer war, auch Eigentümer des neuen Fernsehers; dabei spielt es keine Rolle, ob das neue Gerät wesentlich besser ausgestattet ist als das alte Gerät, wie etwa beim Übergang vom Schwarzweißfernseher zum Farbfernseher.

Dieser Rechtsgedanke kann teilweise auf nichteheliche Lebensgemeinschaften übertragen werden. Allerdings ist rechtlich nicht eindeutig geklärt, ob in dem Falle, in dem das Ersatzgerät höherwertig ist, der Alteigentümer auch der neue Eigentümer sein soll. Dies ist ein Unterschied zum allgemeinen Familienrecht. Gerade bei deutlichen Qualitätsunterschieden kann dies dazu führen, dass diese allgemeine Regel ausgehebelt wird.

Es sollte deshalb bei jeder Ersatzanschaffung bedacht werden, wer Eigentümer des entsprechenden Gegenstandes sein soll oder ob Miteigentum entstehen soll. **Tipp**

b) Zuerworbenes zum persönlichen Gebrauch und gemeinsam genutzte Gegenstände

Unproblematisch sind Gegenstände des persönlichen Gebrauchs, wie beispielsweise Kleidung oder Arbeitsmaterial. Es wird dann grundsätzlich davon ausgegangen, dass der Gegenstand demjenigen Partner gehört, der diesen Gegenstand auch konkret benötigt und benutzt.

Hinsichtlich gemeinsam genutzter Gegenstände, insbesondere des gemeinsam angeschafften Hausrates, kommen die oben dargestellten Überlegungen ins Spiel. Die Rechtslage ist letztendlich für denjenigen, der Alleineigentum behaupten will, nicht eindeutig. Aber sie ist auch für denjenigen, der sich auf den Standpunkt stellt, dass Miteigentum gegeben ist, unter Umständen schwierig zu beweisen.

Keine eindeutige Rechtslage

Im Rahmen einer Trennung entstehen deshalb erhebliche Zuordnungsschwierigkeiten sowohl bezüglich der Frage, bei wem welche Gegenstände verbleiben, als auch bezüglich der Frage, ob irgendeiner der Partner dem anderen einen finanziellen Ausgleich schuldet.

3.3 Regelungsbedarf und Checkliste

Selbst wenn man alle anderen Themenfelder, die sich im Zusammenhang mit einer nichtehelichen Lebensgemeinschaft ergeben, nicht durch einen Vertrag regeln will, sollte man zumindest die Frage des Eigentums von beweglichen Gegenständen schriftlich fixieren. Es können sonst langwierige und schwierige Streitigkeiten entstehen, die auch beim gerichtlichen Austrag oftmals zu unbefriedigenden Lösungen führen, zumal dann der Konflikt zwischen den ehemaligen Partnern noch über einen langen Zeitraum ausgedehnt wird.

Umfassende Klärung der Eigentumsfrage

Um im Fall einer Trennung möglichst zügig alle Gemeinsamkeiten abwickeln zu können, sollte die Eigentumsfrage aller wesentlichen beweglichen Gegenstände umfassend geklärt werden, gegebenenfalls wenigstens durch die Erstellung von Inventarlisten, denen entnommen werden kann, wem welche Gegenstände gehören. Diese Inventarlisten sollten bei Ersatzanschaffungen wie auch bei jedem Neuerwerb aktualisiert werden.

Pflegt man solche Listen regelmäßig, stellt sich der Aufwand sehr gering dar und steht in keiner Relation zu dem, was es bedeutet, sich hinsichtlich der Eigentumsverhältnisse gegebenenfalls auch gerichtlich zu streiten.

Um sich hinsichtlich der Eigentumsverhältnisse zu einigen, bietet die nachfolgende Checkliste Unterstützung:

Persönlicher Gebrauch

- Besteht bereits eine Inventarliste für jeden Partner für die Gegenstände, die er beim Zusammenzug eingebracht hat? Falls nein, sollte umgehend für jeden Partner eine solche Liste erstellt werden.
- Soweit es Gegenstände gibt, die dem persönlichen Gebrauch dienen, sollten diese auf einer separaten Liste erfasst werden.
- Besteht bereits eine Vereinbarung für diejenigen Gegenstände, die im Rahmen der gemeinsamen Lebens-

führung angeschafft wurden? Insbesondere darüber, wem diese Gegenstände im Falle einer Trennung gehören sollen? Falls nein, sollte eine solche zusätzliche Liste, die einen Verteilungsplan enthält, umgehend angelegt werden.

Gemeinsame Anschaffungen

- Wenn Hausratsgegenstände oder andere Gegenstände ersetzt wurden, ist zu überlegen, wem diese Gegenstände im Trennungsfall gehören sollen. Diese Gegenstände sollten dann entweder in die Eigentumslisten oder in die Listen der persönlichen Gegenstände oder in den Verteilungsplan für andere Gegenstände aufgenommen werden.

Ersatzbeschaffungen

- Bezüglich des oft kleinteiligen Hausrats (zum Beispiel Geschirr, Besteck, Gläser, etc.) sollten Sie eine Grobverteilung vornehmen, in dem auch dieser Hausrat auf die vorstehenden Listen übernommen wird.

- Wenn Sie eine ausführlichere Regelung treffen wollen, sollten Sie neben den notwendigen Inventarlisten noch vereinbaren, dass jeder Partner verpflichtet ist, im Falle einer Trennung die Gegenstände, die den beigefügten Listen zu entnehmen sind, dem Partner zu übergeben.

Übergabepflicht

- Unabhängig davon haben Sie selbstverständlich die Möglichkeit, für bestimmte Gegenstände auch Miteigentum zu vereinbaren.

Miteigentum

- Entscheiden Sie sich für die Variante des Miteigentums, sollten Sie bedenken, dass in einem Vertrag Übernahmerechte für einen der Partner vorgesehen werden können. Im Rahmen einer solchen Übernahmeregelung können Sie auch die Zahlung von Geldausgleich oder Wertersatz in Höhe von der Hälfte des aktuellen Wertes vereinbaren und sich im Übrigen bereits bei Vertragsschluss dazu verpflichten, demjenigen, der Übernahme berechtigt ist, auch das Alleineigentum zu übertragen.

- Daneben können Sie sich in einem Vertrag auch verpflichten, für den Fall von Streit über den Wert der Gegenstände, diesen durch ein Schiedsgutachten feststellen zu lassen.

- Auch haben Sie die Möglichkeit, einem Dritten ein Entscheidungsrecht einzuräumen oder sich für ein Losverfahren für die Zuordnung der Gegenstände im Streitfalle zu entscheiden.

Vorschläge zu Vereinbarungen finden Sie in nachfolgenden Formulierungsbeispielen:

Inventarlisten und Vermögensverzeichnis

Zur Regelung der Eigentumsverhältnisse an den von uns zur gemeinsamen Lebensführung eingebrachten Vermögensgegenständen wird die nachfolgende Vereinbarung getroffen. Als Bestandteil sind die nachfolgenden Inventarlisten und Vermögensverzeichnisse wesentlicher Bestandteil dieser Urkunde.

Die beigefügten Listen wurden von uns gemeinsam erstellt.

Die unter dem Namen des jeweiligen Partners erstellten Inventarlisten bezeichnen Gegenstände, die im Alleineigentum dieses Partners stehen.

Im Falle von Ersatzanschaffungen sollen diese wiederum Eigentum desjenigen Partners werden. Dies gilt unabhängig davon, ob ein höherwertiger Gegenstand angeschafft wird oder nicht oder wer diesen bezahlt.

Gleiches gilt für die Gegenstände zum persönlichen Gebrauch. Auch diese Gegenstände gehören demjenigen Partner, unter dessen Namen die aufgelisteten Gegenstände unter der Rubrik des persönlichen Gebrauches genannt sind.

Alle anderweitigen Vermögensgegenstände im Rahmen unserer gemeinsamen Wohnung, die auf keiner der Listen enthalten sind, sind als Miteigentum zu betrachten.

> Sofern Gegenstände unseres Hausrats in Miteigentum stehen, ist bei Auszug für die folgenden Gegenstände _____ berechtigt, diese gegen hälftigen Wertersatz zu übernehmen: _____
>
> (Nachfolgend Liste der Gegenstände)
>
> Sofern wir keine Einigung über den Wertersatz erzielen können, soll dieser durch ein Schiedsgutachten festgelegt werden.
>
> Der Wertersatz ist nach Übertragung des Eigentums an diesen Gegenständen bar zu bezahlen.

Übertragung von Eigentum

4. Immobilieneigentum – Worauf müssen die Partner achten?

Fallbeispiel

> Sylvester und Tweety bewohnen gemeinsam ein Haus, das auf einem Grundstück gebaut wurde, das Sylvester von seiner Großmutter geerbt hat. Zum Zeitpunkt des Baus hatte Sylvester keine Rücklagen, um die Baukosten zu finanzieren, deshalb hat Tweety einen Bausparvertrag eingebracht und sich auch später bei der Abtragung der bei der Bank aufgenommenen Verbindlichkeiten beteiligt.
>
> Als Eigentümer ist Sylvester im Grundbuch eingetragen.
>
> Als das Dach erneuert werden muss, weigert sich Tweety, Kosten hierfür zu übernehmen. Es kommt zu einem Eklat, bei dem Sylvester die Krallen zeigt. Tweety fühlt sich als gerupftes Huhn, da er immer zahlt und keine Rechte hat. Er droht mit Trennung und sucht den Anwalt Bunny auf, um sich über seine Rechte zu informieren, da er der Meinung ist, ihm stünde ein Teil des Eigentums zu.

4.1 Rechtliche Ausgangslage

a) Klare Rechtslage bei Alleineigentum

So verzwickt die rechtliche Situation bei beweglichen Sachen ist, so eindeutig und klar ist die Eigentumszuordnung im Bereich von Immobilien, seien es Häuser, Grundstücke oder Eigentumswohnungen: Eigentümer ist derjenige, der als solcher im Grundbuch eingetragen ist.

 Zu beachten ist lediglich, dass bei Errichtung eines Hauses es vollkommen ausreichend ist, um Eigentümer des Hauses zu werden, im Grundbuch als Eigentümer des Grundstückes zu stehen.

Im vorliegenden Fall ist deshalb eindeutig, dass Sylvester, der Eigentümer des Baugrundstückes war, auch Eigentümer, und zwar Alleineigentümer, des darauf errichteten Hauses ist. Wer die Verbindlichkeiten und Baukosten getragen hat, spielt für die Eigentumsfrage keine Rolle.

b) Rechte und Pflichten bei Miteigentum

Maßstab für den Umfang des Miteigentums ist immer das Grundbuch

Wenn die Immobilie, anders als im Ausgangsbeispiel, beiden Partnern gemeinsam gehört, stellt sich die Situation natürlich anders dar. Aufgrund des Miteigentums hat jeder Entscheidungsbefugnisse, Rechte und Pflichten. Für den Umfang des Miteigentums ist ausschließlich entscheidend, was im Grundbuch eingetragen ist.

Entscheiden sich die Partner also dafür, ein Anwesen, gleichgültig ob es eine Eigentumswohnung, ein Haus oder ein Grundstück ist, gemeinsam zum hälftigen Miteigentum zu erwerben, bedeutet dies, dass jeder unabhängig davon, welchen Anteil er an den Anschaffungskosten trägt, hälftiger Miteigentümer der Immobilie ist. Im Falle eines Verkaufes steht dann jedem der hälftige Verkaufserlös zu.

Eine weitere Folge des Miteigentums ist, dass für bestimmte Verbindlichkeiten (zum Beispiel Grundsteuern) jeder in Anspruch genommen werden kann. Durch das Miteigentum entstehen also nicht nur Rechte, sondern auch Pflichten.

4.2 Folgen bei Zusammenleben

Auch wenn die Partner einvernehmlich zusammenleben, spielt die Eigentumsfrage eine Rolle. Beispielsweise wenn Investitionen anstehen oder etwaige Umbaumaßnahmen geplant sind, kann hier Konfliktpotential entstehen, da einer der beiden Partner dann entweder ohne formale Rechtsposition agieren muss oder einer der Partner die Kosten nicht entsprechend seiner Eigentumsquote tragen kann.

Die Problemfelder

In einem Fall wie dem von Sylvester und Tweety ist derjenige, der zwar Gelder aufgewandt hat, jedoch nicht grundbuchmäßiger Eigentümer ist, darauf angewiesen, dass der andere ihm trotzdem, zumindest hinsichtlich der Handhabung und Verwaltung des Immobilieneigentums, wie einen Miteigentümer würdigt. Aber auch darüber hinaus besteht vielfältiger Regelungsbedarf.

a) Mietvertrag bei Alleineigentum?

Da Instandsetzungskosten einer Immobilie, die vermietet ist, steuerlich geltend gemacht werden können, stellt sich die Frage, ob der Abschluss eines Mietvertrages zwischen den Partnern möglich und sinnvoll ist.

Sowohl für einen Mietvertrag als auch einen Untermietvertrag fehlt es an der steuerlichen Relevanz, wenn die Partner in den Räumen tatsächlich zusammenleben. Sowohl die Miete als auch die Untermiete setzt voraus, dass ein bestimmter räumlich abgegrenzter Teil an eine andere Person überlassen wird. Bei einer Mitnutzung des Partners entfällt dieses Merkmal. Insofern ist bereits begrifflich fraglich, ob überhaupt ein wirklicher Mietvertrag bzw. Untermietvertrag abgeschlossen werden könnte.

Keine steuerlichen Vorteile

Selbst wenn dies der Fall wäre, wird von den Finanzämtern eine solche Mietkonstruktion regelmäßig nicht anerkannt. Im Übrigen müssten ständige Mieteinnahmen ohnehin als zusätzliche Einkünfte versteuert werden, sodass der Abschluss eines Mietvertrages auch deshalb oft nicht interessant ist.

b) Wie verhält es sich mit dem Nutzungsrecht?

 Hinsichtlich der Nutzungsrechte des lediglich mitwohnenden Lebenspartners ist zu beachten, dass dieser keinerlei vertraglichen Schutz hat. Grundlage für das bestehende Nutzungsrecht an dem Immobilieneigentum des anderen Partners ist ausschließlich das Bestehen der nichtehelichen Lebensgemeinschaft.

c) Haftung für Bankverbindlichkeiten und Sicherheiten

Schuldrechtliche Haftung bei Kreditverträgen Soweit gegenüber einem Kreditinstitut Verbindlichkeiten begründet werden, um die Immobilie zu finanzieren, kommt es nur darauf an, wer die Kreditverträge unterschreibt. Es spielt keine Rolle, ob derjenige, der Eigentümer ist, auch tatsächlich die Kreditverträge unterzeichnet.

Im Ausgangsbeispiel haben sich Sylvester und Tweety beide gegenüber der Bank verpflichtet, sodass eine sogenannte Gesamtschuldnerschaft entsteht. Dies bedeutet, dass jeder der Partner gegenüber der Bank auf die gesamte Verbindlichkeit haftet.

Bei einem Kreditvertrag, der eine Gesamtschuldnerschaft vorsieht, besteht für die Gläubigerin, also die Bank, deshalb die Möglichkeit, jeden der Schuldner für die ganze Forderung in Anspruch zu nehmen. Wird einer der Schuldner zahlungsunfähig, haftet der zweite Schuldner auf die gesamte Verbindlichkeit.

Umgekehrt ist es natürlich so, dass wenn nur einer der Partner den Kreditvertrag unterschreibt, der andere für solche Schulden nicht in Anspruch genommen werden kann.

Die dingliche Sicherheit Gerade wenn eine Immobilie finanziert wird, wird sich der Kreditgeber eine sogenannte dingliche Sicherheit im Grundbuch eintragen lassen. Dies sind Grundschulden oder eine Hypothek. Der Sinn einer solchen Sicherheit besteht darin, es dem Kreditgeber zu ermöglichen, im Falle der Zahlungsunfähigkeit der Kreditschuldner die Zwangsversteigerung zu betreiben.

Hierbei ist wichtig, dass eine dingliche Sicherheit im Rahmen eines Kreditverhältnisses durchaus auch von einer Person gegeben werden kann, die gar nicht Kreditschuldner ist. Im Fallbeispiel wäre es deshalb denkbar, dass Tweety ein Darlehen bei einem Kreditinstitut aufnimmt und alleiniger Schuldner in diesem Kreditvertrag ist. Zur Absicherung der Forderung der Bank wird eine Grundschuld auf das Haus von Sylvester eingetragen. Wenn Tweety dann zahlungsunfähig wird, kann die Bank das Haus, das Sylvester gehört, zwangsversteigern.

In dem Moment, in dem also Kreditverbindlichkeiten ins Spiel kommen, kann es zu den vielfältigsten Folgen und Konstellationen kommen. Insbesondere kann die Situation dadurch verkompliziert werden, dass diejenigen Personen, die im Rahmen eines Kreditvertrages verpflichtet sind, nicht identisch sein müssen mit denen, die Eigentümer einer Immobilie sind, die im Rahmen eines solchen Kreditvertrages als dingliche Sicherheit dient.

d) Erbrechtliche Fragen

> Tweety hat einen Neffen, den er wie ein eigenes Kind liebt. Mittlerweile in die Jahre gekommen, überlegt Tweety, dass er einen Teil seines Vermögens gern dem Neffen zukommen lassen möchte. Allerdings stecken die meisten finanziellen Mittel, die Tweety jemals gehabt und erarbeitet hat in dem Haus, von dem Sylvester Alleineigentümer ist.

Fallvariante

Sylvester und Tweety möchten eine faire Lösung finden, um zu ermöglichen, dass Tweety seinem Neffen einen Teil des aus ihrer Sicht gemeinsam geschaffenen Vermögenswertes des Hauses zukommen lassen kann.

Bereits an dieser Stelle wird darauf hingewiesen, dass dem Partner einer nichtehelichen Lebensgemeinschaft kein sogenanntes gesetzliches Erbrecht zusteht. Von einem gesetzlichen Erbrecht spricht man immer dann, wenn bei Fehlen eines Testamentes durch die Regelungen des Bürgerlichen

Gesetzbuchs festgelegt ist, wer Erbe einer bestimmten Person wird. Zu diesem Personenkreis gehört *nicht* der Partner einer nichtehelichen Lebensgemeinschaft, sondern zählen nur Ehegatten, eingetragene Partner und alle sonstigen Verwandten, insbesondere Kinder.

Gefahr bei Patchwork-Familien

Deshalb muss immer dann, wenn eine Immobilie im Rahmen einer Partnerschaft erworben wird, egal ob zu Alleineigentum eines Partners oder zu Miteigentum, eine Regelung für den Fall gefunden werden, dass einer der Partner verstirbt. Denn sonst fällt dessen Eigentumsanteil zwangsläufig an dessen gesetzliche Erben, also auch an Kinder aus früheren Beziehungen oder entfernte Verwandte!

Soll der länger lebende Partner in jedem Falle Eigentümer der Immobilie werden und diese nutzen können, muss durch eine entsprechende letztwillige Verfügung, im Regelfall ein Testament, dafür Sorge getragen werden, dass dieser ein Erbrecht erhält.

Im Fall von Sylvester und Tweety müsste Sylvester in jedem Fall also ein Testament machen, das vorsieht, dass entweder Tweety Erbe der Immobilie wird oder dass dieser, sollte Tweety bereits verstorben sein, an dessen Neffe fällt. Um Tweety in der Variante, dass er zuerst versterben sollte, dahingehend abzusichern, dass Sylvester nicht irgendwann ein anderes Testament errichtet, könnten die

Erbvertrag

beiden auch einen sogenannten Erbvertrag abschließen. Dann wäre Sylvester verpflichtet, das Anwesen Tweety bzw. dessen Neffen zu hinterlassen und könnte auch nach dem Versterben von Tweety diesen Erbvertrag nicht mehr abändern bzw. diesen nur dann abändern, wenn solche Möglichkeiten in dem Erbvertrag selbst vorgesehen sind.

Beachten Sie, dass für die Notwendigkeit einer erbrechtlichen Regelung es wenig relevant ist, ob Alleineigentum oder ein gemeinsames Eigentum vorliegt. Denn bei einem gemeinsamen Eigentum fällt der Eigentumsanteil desjenigen, der zuerst verstirbt, automatisch in dessen Familie. Deshalb muss auch in diesem Falle dringend eine erbrechtliche Regelung getroffen werden.

Selbst wenn im Rahmen einer nichtehelichen Lebensgemeinschaft gemeinsame Kinder da sind, die im Erbfalle in das Eigentum nachfolgen, kann es oft das Interesse der Partner sein, zumindest die Nutzungsrechte dem länger lebenden Partner zu belassen. Denn im Hinblick auf mögliche Erbschaftssteuern kann es durchaus sinnvoll sein, es bei der gesetzlichen Erbfolge der gemeinsamen Kinder zu belassen.

Regelungsbedarf bei gemeinsamen Kindern

e) Wie kann der Partner abgesichert werden?

Um den Partner hinsichtlich seiner Nutzungsrechte sicherzustellen, kann zu seinen Gunsten ein Nießbrauch im Grundbuch eingetragen werden, durch Abschluss eines Nießbrauchvertrages.

Nießbrauch ist dann gegeben, wenn eine Person, die nicht Eigentümer ist, berechtigt sein soll, eine Immobilie in vollem Umfang zu nutzen. Der Nießbraucher hat eine eigentümerähnliche Stellung soweit es die Nutzung des Gegenstandes angeht. Im Rahmen eines Nießbrauchvertrages können außerdem Instandhaltungskosten und anderes geregelt werden, um die Abwicklung des Nießbrauchs für die Zukunft rechtlich festzulegen. Dieser Nießbrauch kann so gestaltet werden, dass er erst im Erbfall entsteht.

Eine ähnliche Möglichkeit bietet das Wohnungsrecht, das ähnlich wie der Nießbrauch zu sehen ist, jedoch eine schwächere Rechtsposition darstellt. Denn im Gegensatz zum Nießbrauch, der bis zum Versterben des Nießbrauchberechtigten besteht, endet das Wohnungsrecht mit dauerhaftem Verlassen der Wohnung.

Das Wohnungsrecht

Sollte also beispielsweise ein Pflegefall eintreten, könnte der Nießbraucher die Immobilie vermieten und hierdurch seine Einkünfte aufbessern. Dem gegenüber steht einer Person, der ein Wohnungsrecht eingeräumt wurde, diese Möglichkeit nicht offen, vielmehr endet das Wohnungsrecht mit einer dauerhaften Unterbringung in einem Pflegeheim.

Die Unterschiede

Vor dem Hintergrund der umfassenden Regelungsmöglichkeiten, die es im Zusammenhang mit Immobilien gibt, sollte dringend fachlicher juristischer Rat durch einen Rechtsanwalt oder Notar wie auch gegebenenfalls noch betreffend der Erbschafts- und Schenkungssteuer, von einem Steuerberater eingeholt werden.

4.3   Folgen bei Trennung

a) Wer geht?

Sofern Alleineigentum vorliegt, ist die Frage, wer im Zweifel auszuziehen hat, leicht zu beantworten.

Anders wenn beide Partner Eigentümer der Immobilie sind. Wenn es dann keine Regelung gibt, ist erhebliches Konfliktpotential vorprogrammiert.

b) Wer wird Eigentümer der Immobilie?

Wenn Miteigentum gegeben ist, können vielfältige Probleme entstehen:

Problemfelder Es liegt auf der Hand, dass es schwierig sein wird, das Miteigentum beizubehalten oder zu entscheiden, wer die Immobilie eventuell allein übernimmt. Den Partnern einer nichtehelichen Lebensgemeinschaft ergeht es in der Situation von Miteigentum im Ergebnis nicht besser als Paaren, die verheiratet sind oder eine eingetragene Lebenspartnerschaft führen. Wenn es im Trennungsfall keine Einigung darüber gibt, wer die Immobilie übernimmt, **Die Gefahr der Zwangs- versteigerung** kann dies im Ergebnis zu einer Zwangsversteigerung führen. Auf Grundlage der gesetzlichen Regelung kann nämlich jeder Miteigentümer die Auseinandersetzung des Miteigentums verlangen und dies notfalls durch eine Zwangsversteigerung durchsetzen. Der Erlös wird dann entsprechend den Eigentumsquoten aufgeteilt. Dass dies wirtschaftlich wenig sinnvoll ist, liegt auf der Hand und sollte deshalb vermieden werden.

Außerdem verursacht eine Zwangsversteigerung erhebliche Kosten, da zunächst Gutachten erstellt werden müssen und erfahrungsgemäß vor einer solchen Entscheidung lange gestritten wird, was dann auch erhebliche Anwaltskosten produzieren kann.

Bedenken Sie in diesem Zusammenhang auch, dass bestehende Kreditverträge durch die Trennung der Partner ebenso wenig verändert werden wie durch einen Auszug oder durch einen Verkauf des Anwesens.

Sie sollten sich deshalb frühzeitig Gedanken darüber machen, was im Trennungsfalle mit dem Immobilieneigentum passieren soll und dies vertraglich absichern.

c) Welche Ausgleichsansprüche bestehen?

Sollte wie im Ausgangsbeispiel die Situation gegeben sein, dass lediglich einer der Partner Eigentümer ist, jedoch beide finanzielle Mittel eingebracht haben, können nach neuerer Rechtssprechung Ausgleichsansprüche für denjenigen Partner entstehen, der im Falle einer Trennung hinsichtlich des Eigentums leer ausgeht.

Der Bundesgerichtshof hat in mehreren Entscheidungen seit dem Jahre 1991 immer wieder deutlich gemacht, dass die Frage des Alleineigentums nicht unbedingt als ausschlaggebend angesehen werden kann, wenn es darum geht, dass durch die Immobilie ein gemeinsamer Vermögenswert geschaffen wurde.

Ansprüche nur im Einzelfall

Insofern steht demjenigen Partner, der nicht Eigentümer ist, im Einzelfall ein Ausgleichsanspruch zu, wenn nämlich durch die Immobilie ein erheblicher Vermögenswert geschaffen wurde.

Beachten Sie bitte den Charakter von Einzelfallentscheidungen. Derjenige Partner, der nicht Miteigentümer ist, kann sich deshalb nicht darauf verlassen, dass ihm aufgrund dieser Rechtssprechungslinie in jedem Falle ein Ausgleichsanspruch zustehen wird, wenn ein aus subjektiver Sicht erheblicher Vermögenswert geschaffen wurde. Relative Sicherheit besteht immer dann, wenn es sich um einen erheblichen Vermögenswert handelt, der gleichzeitig über die bloße Verwirklichung der Lebenspartnerschaft hinausgeht.

Wenn also beispielsweise auf der einen Seite eine Eigentumswohnung erworben wird, um dort die Lebensgemeinschaft zu verwirklichen, und auf der anderen Seite eine Eigentumswohnung erworben wird, die ausschließlich aus Gründen der Altersvorsorge angeschafft wird, ist für die zweite Wohnung davon auszugehen, dass der Partner, der nicht Eigentümer geworden ist, gute Erfolgsaussichten haben wird, Ausgleichsansprüche realisieren zu können.

 Dennoch wäre es unklug, sich hierauf zu verlassen; es gibt keine Rechtssicherheit hinsichtlich des Bestehens definitiver Ausgleichsansprüche, weshalb dringend eine vertragliche Regelung abzuschließen ist, wenn nur einer der beiden Partner Eigentümer einer Immobilie ist.

Die Begrenzung möglicher Ansprüche
Doch selbst wenn im Einzelfall ein Ausgleichsanspruch zustande kommt, ist dieser begrenzt: Es handelt sich um einen reinen Geldanspruch, der auf Zahlung einer bestimmten Summe gerichtet wird. Ein Anspruch auf Übertragung von Miteigentum lässt sich hieraus nicht ableiten. Außerdem wird die Abwicklung eines solchen Zahlungsanspruches dadurch erschwert, dass die eingebrachten Beträge des weichenden Partners nicht einfach aufaddiert und zurückgefordert werden können. Vielmehr muss gegebenenfalls ermittelt werden, welchen Teil des geschaffenen Wertes der weichende Partner erwirtschaftet hat. Wie sich diese Berechnung darstellt, ist jeweils für den Einzelfall zu prüfen.

 Eben weil derartige Berechnungen schwierig und langwierig sind, sollten die Partner im Zusammenhang von Immobilieneigentum, gerade in den Fällen, in denen lediglich einer Eigentümer ist, mögliche Ausgleichsansprüche oder Ansprüche auf Übertragung von Miteigentum vertraglich regeln.

4.4 Regelungshinweise und Checkliste

Gleichgültig, ob eine Immobilie von einer nichtehelichen Lebensgemeinschaft zu Alleineigentum oder zu Miteigentum erworben wird: Es muss unbedingt geregelt werden, was im Trennungsfall passiert, wenn beide finanzielle Mittel eingebracht haben. Gleiches gilt für die Absicherung des länger lebenden Partners im Todesfall.

Im Rahmen von Verträgen sind zahlreiche Gestaltungs-varianten denkbar, die für alle Beteiligten Rechtssicher-heit und Rechtsklarheit schaffen. **Verträge helfen**

Darin können vertraglich Eigentumsfragen festgelegt werden, wie auch Ausgleichsansprüche oder der Verzicht auf Ausgleichsansprüche.

Daneben können bestimmte Rechtspositionen auch durch Grundbucheinträge abgesichert werden.

Beispielsweise können die Partner ein sogenanntes Vor-kaufsrecht vereinbaren. Dieses wird dann auch im Grund-buch eingetragen. **Vorkaufsrecht**

Ein Vorkaufsrecht bedeutet, dass in dem Falle, in dem der Eigentümer mit einer dritten Person einen Kaufver-trag abschließt, dieser erst dann wirksam wird, wenn der Vorkaufsberechtigte die Möglichkeit hatte, seinerseits den Kaufvertrag zu genau den Bedingungen abzuschließen, die zwischen dem Eigentümer und dem Dritten verein-bart wurden. Das heißt, sollte einer der Partner erwägen sein Eigentum zu verkaufen, wäre er verpflichtet immer zunächst den anderen Partner zu fragen, ob dieser die Im-mobilie erwerben will.

Daneben kann durch eine Vormerkung eine zusätzliche Sicherheit geschaffen werden. Ist nämlich beabsichtigt, unter bestimmten Voraussetzungen, beispielsweise im Trennungsfall, das Eigentum auf eine bestimmte Person, hier also den jeweiligen Partner, zu übertragen, kann diese Eigentümerposition, die für die Zukunft geplant ist, durch eine Vormerkung gesichert werden. Dies bedeutet, dass im Grundbuch bereits eine bestimmte Person als künftiger **Vormerkung**

Eigentümer vorgesehen ist. Der Vormerkungsberechtigte ist jedoch noch nicht Eigentümer.

Der Erwerb des Eigentums wird im Rahmen von notariellen Verträgen dann von bestimmten Ereignissen abhängig gemacht.

Zur Vorbereitung wie auch zur Klärung des Beratungsbedarfes soll die nachfolgende Checkliste dienen:

- Sofern Immobilieneigentum als Alleineigentum vorhanden ist, sollte abgeklärt werden, ob die formale Rechtsposition auch der Tragung der Kosten für die Anschaffung und den Erhalt des Immobilieneigentums entspricht.

Miteigentum
- Sofern Miteigentum vorhanden ist, sollte ebenfalls geklärt werden, ob die gegebenen Beteiligungsquoten als formale Gegebenheit den tatsächlich eingebrachten finanziellen Anteilen entsprechen.

- Sollte festgestellt werden, dass die formale Gegebenheit hinsichtlich des Eigentums in keiner Relation steht zu den übernommenen Kosten des jeweiligen Partners, sollte überlegt werden, wie im Erbfall und auch im Trennungsfall eine inhaltliche Gerechtigkeit erreicht werden kann.

- Grundsätzlich sollte überlegt werden, was mit der Immobilie im Erbfall wie auch im Trennungsfall geschieht.

Haftung
- Bestehen im Zusammenhang mit dem Immobilienerwerb bzw. dem Immobilieneigentum schuldrechtliche Verbindlichkeiten, insbesondere Kreditverbindlichkeiten, sollten die Verträge haftungsrechtlich nochmals durchgesehen werden.

- Solange Verbindlichkeiten noch aktuell zu bedienen sind, sollte eine Vereinbarung für den Fall getroffen werden, dass die Partner sich trennen.

Erbfall
- In jedem Fall muss überprüft werden, welche erbrechtlichen Konsequenzen sich ergeben, wenn einer der Partner stirbt und wer dann Eigentümer der Immobilie werden soll.

- Kommen Sie zu dem Ergebnis, dass im Falle einer Trennung Ausgleichsansprüche eines Partners bestehen, sollten Sie sich im Rahmen eines Vertrages über einen bestimmten Betrag sowie die Fälligkeit oder eine Ratenzahlung verständigen.

Ausgleichszahlungen

- Weiterhin könnte vereinbart werden, wie der Wert des Anwesens zu ermitteln ist, wenn eine betragsmäßige Bezifferung nicht möglich ist oder nicht sachgerecht ist.

- Überlegen Sie, ob Sie sich wechselseitig durch Vorkaufsrechte, Vormerkungen, Nießbrauchsrechte oder Wohnrechte sowohl für den Fall der Trennung als auch für den Fall des Versterbens eines der Partner absichern möchten. Regeln Sie dann aber auch immer gründlich, unter welchen Bedingungen diese Rechte erlöschen – gerade falls es zu einer Trennung kommt.

Absicherung

- Sollten Sie zu dem Ergebnis kommen, bereits zu Lebzeiten die Eigentumsposition zu verändern, müssen Sie unbedingt einen Steuerberater hinzuziehen, da Schenkungssteuer fällig werden kann.

- Bedenken Sie, dass Vereinbarungen, die eine Immobilie betreffen, grundsätzlich der notariellen Beurkundung bedürfen. Sollten Sie also einen der vorstehenden Punkte regeln wollen, informieren Sie sich in jedem Fall bei einem Rechtsanwalt oder Notar, ob dieser zu seiner Wirksamkeit einer notariellen Beurkundung bedarf.

Formzwang

5. Wer haftet für einen Schaden?

Peter und seine Freundin Mary Jane planen einen gemütlichen Samstagabend auf ihrer Dachterrasse. Um im Hinblick auf das geplante Essen schon mal zusätzliche Kalorien abzubauen, führt Peter auf der Terrasse Dehn- und Gymnastikübungen durch.

Als Mary Jane mit einer Platte erlesener Vorspeisen des Catering Services »Die grünen Kobolde« auf die Terrasse tritt, vollführt Peter gerade eine Sprungübung, in deren Folge er mit seinem Fuß Mary Jane am Kopf trifft.

Mary Jane verliert das Gleichgewicht, und stürzt, wobei die Platte mit den Vorspeisen zu Bruch geht.

Am schlimmsten ist dabei, dass es sich bei der Platte um ein Erbstück von Mary Jane handelt, das ihr schon vor dem Zusammenzug gehört hat und einen Wert von mindestens 500 Euro hat.

Da Peter ständig durch seine Schussligkeit Gegenstände, sowohl von Mary Jane als auch von ihm, kaputt macht, reißt Mary Jane der Geduldsfaden. Nach einem heftigen Fluch und der Frage, ob Peter eigentlich spinne, verlangt Mary Jane Schadensersatz für das Familienerbstück. Denn Peter muss selbst einräumen, dass er, wenn er besser aufgepasst hätte, den Zusammenstoß hätte vermeiden können.

5.1 Rechtliche Ausgangslage

a) Der »Allgemeine Schadensersatzanspruch«

§ 823 BGB Gemäß § 823 BGB ist jeder, der Schäden bei anderen Personen verursacht, zum Schadensersatz verpflichtet. Man spricht von einer »Haftung aus Delikt«, was nichts mit strafrechtlichen Normen zu tun hat. § 823 BGB ist die zentrale Vorschrift des zivilrechtlichen Deliktrechtes. Diese Haftung tritt allerdings nur dann ein, wenn der Schädiger den eingetretenen Schaden auch verschuldet hat. Hierzu ist erforderlich, dass er vorsätzlich (also bewusst und gewollt) oder fahrlässig gehandelt hat.

Fahrlässiges Handeln Fahrlässig handelt derjenige, der die im Verkehr erforderliche Sorgfalt außer Acht lässt. Da Peter selbst eingeräumt hat, dass er bei größerer Vorsichtigkeit den Zusammenstoß hätte vermeiden können, liegt im Fallbeispiel Fahrlässigkeit vor. Somit haftet Peter dem Grunde nach auf Schadensersatz für die Porzellanplatte.

b) Wie ist der Haftungsmaßstab?

Bei einer nichtehelichen Lebensgemeinschaft besteht hinsichtlich der Haftung aber eine Besonderheit. Ebenso wie bei Eheleuten gilt ein besonderer Haftungsmaßstab (§ 277 BGB). Dieser sieht vor, dass der eine Partner dem anderen nur dann auf Schadensersatz haftet, wenn er die eigenübliche Sorgfalt vernachlässigt hat. Es gilt somit im Bereich der Fahrlässigkeit ein *anderer* Haftungsmaßstab, der gegebenenfalls geringer ist als der normale gesetzliche Maßstab für ein fahrlässiges Verhalten.

Besonderheit bei Fahrlässigkeit

Konkret muss geprüft werden, ob der Partner grundsätzlich ein eher sorgfältiger und gewissenhafter Mensch ist oder ob der Partner, der den Schaden verursacht hat, auch mit seinen eigenen Gegenständen unvorsichtig oder schlampig umgeht. Diesem Haftungsmaßstab liegt die Idee zu Grunde, dass gerade bei engen persönlichen Beziehungen sich auch der Geschädigte seinen Partner selbst ausgesucht hat. Insofern muss er seinen Partner so akzeptieren, wie er ist.

Konsequenz für das Haftungsrecht ist damit, dass derjenige, der sich für einen schlampigen und schussligen Partner entscheidet, auch haftungsrechtlich nur dann Ansprüche gegen diesen geltend machen kann, wenn der Partner das Maß seiner üblichen Unvorsichtigkeit und Schussligkeit überschritten hat.

Da Peter sowieso grundsätzlich unbesonnen ist und schlecht Acht gibt, wird Mary Jane keine Schadensersatzansprüche gegen ihn durchsetzen können. Denn der Unfall hat sich in Folge der für Peter typischen Unvorsichtigkeit und fehlenden Sorgfalt ereignet, sodass Peter in der konkreten Situation lediglich seine »eigenübliche Sorgfalt« praktiziert hat.

Beachten Sie in diesem Zusammenhang, dass dieser reduzierte Haftungsmaßstab aber nur dann Anwendung findet, wenn es sich um Schäden handelt, die im unmittelbaren Zusammenhang mit der nichtehelichen Lebensgemeinschaft und ihrer Ausgestaltung entstehen. Besteht beispielsweise neben der nichtehelichen Beziehung ein an-

Ausnahmen

deres Rechtsverhältnis wie etwa ein Arbeitsvertrag, greift diese Haftungsbeschränkung nicht durch. Es gelten dann die Normen des jeweiligen Rechtsgebietes.

Weitere Ausnahme ist der Bereich des Straßenverkehrs. Denn das Gefahrenpotential durch Unaufmerksamkeit im Straßenverkehr ist insbesondere auch für dritte Personen derart hoch, dass eine Begrenzung der Haftung im Falle von Fahrlässigkeit auf die eigenübliche Sorgfalt nicht gerechtfertigt ist.

c) Wie kann der Schadensersatzanspruch durchgesetzt werden?

Davon zu unterscheiden ist die Frage, ob der Partner, der einen Schaden erlitten hat, diesen Schadensersatzanspruch tatsächlich gerichtlich durchsetzen kann. Dies wird in der rechtlichen Praxis unterschiedlich beurteilt. Teilweise wird die Ansicht vertreten, dass dann aufgrund der persönlichen Nähe ebenso wie unter Ehegatten oder Lebenspartnern von einer Haftungsbegrenzung der Höhe nach auszugehen ist. Oftmals wird auch ein stillschweigender Verzicht auf Schadensersatz angenommen. Hiervon kann insbesondere in den Fällen ausgegangen werden, in denen die Partner weiterhin dauerhaft zusammen bleiben wollen und zusammenleben und im Übrigen der ersatzpflichtige Partner sich die Erfüllung des Schadensersatzanspruches nicht leisten kann. Wenn im Fallbeispiel Peter kein eigenes Einkommen hat und den Haushalt versorgt, kann er den Schadensersatzanspruch von Mary Jane nur durch Aufnahme einer Erwerbstätigkeit bezahlen. Wenn unter dieser Voraussetzung ein Schadensersatzanspruch nicht sofort mindestens schriftlich geltend gemacht wird, ist von einem stillschweigenden Verzicht auszugehen.

Stillschwei-gender Ver-zicht möglich

In der realen Situation ergeben sich damit erhebliche Probleme, wenn ein Schadensersatzanspruch zeitlich verspätet, beispielsweise nach einer Trennung, geltend gemacht wird.

5.2 Checkliste

- Prüfen Sie selbstkritisch, wie Sie Ihre eigene »Sorgfalt in eigenen Angelegenheiten« und die Ihres Partners beurteilen.

- Überprüfen Sie, ob Sie in jedem Falle, soweit es Ihren unmittelbaren Lebensbereich als nichteheliche Lebensgemeinschaft betrifft, auf Schadensersatzansprüche verzichten wollen.

- Im Rahmen einer schriftlichen Vereinbarung können Sie den Haftungsmaßstab, wie er von den Gerichten regelmäßig ohnehin angewandt wird, auch schriftlich fixieren.

- Sie können im Rahmen einer schriftlichen Vereinbarung auch eine Verzichtsvereinbarung für eventuelle künftige Schadensersatzansprüche in Zusammenhang mit der unmittelbaren Verwirklichung der nichtehelichen Lebensgemeinschaft vertraglich vereinbaren.

Für Schäden, die wir uns wechselseitig im Rahmen unserer nichtehelichen Lebensgemeinschaft zufügen sollten, haften wir nur für diejenige Sorgfalt, die jeder von uns in eigenen Angelegenheiten anwendet.

Zur Haftung

Kapitel 3
Die nichteheliche Lebens-
gemeinschaft und Kinder

1. Wer ist Vater?

Fallbeispiel

Die attraktive Liz und ihr Mann Rex sind seit längerer Zeit nicht mehr miteinander glücklich. Die beiden haben sich auseinandergelebt und führen eine Ehe nur noch auf dem Papier.

Da Liz beruflich oft abwesend ist, kommt, was kommen muss: Sie lernt den charmanten Richard kennen und lieben und verlässt ihren Ehemann. Weder Liz noch Rex reichen einen Scheidungsantrag ein.

Liz ist in ihrer neuen Beziehung mit Richard rundum glücklich; dieses Glück wird schließlich von der Geburt einer Tochter gekrönt.

Der stolze Richard möchte beim Jugendamt nach der Geburt die Vaterschaft anerkennen und erfährt vom dortigen Sachbearbeiter, dass Rex als Vater des Kindes angesehen wird. Auch Rex erklärt nun gegenüber dem Jugendamt, er sei nicht der Vater; ohne Erfolg.

1.1 Rechtliche Ausgangslage

a) Vater per Gesetz

Das deutsche Vaterschaftsrecht beruht hinsichtlich der Abstammung eines Kindes auf der Überlegung, dass lediglich die Mutter eines Kindes, die dieses zur Welt gebracht hat, sicher feststehen kann. Dagegen ist die Person des Vaters ungewiss. Diese Ungewissheit wird durch das Gesetz aufgrund einer »Vaterschaftsvermutung« beseitigt. Als Vater eines Kindes gilt automatisch derjenige Mann, der mit der Mutter zum Zeitpunkt der Geburt verheiratet ist.

Demgegenüber ist der Vater eines Kindes aus einer nichtehelichen Lebensgemeinschaft zunächst ungewiss. Anstelle der gesetzlichen Vaterschaftsvermutung tritt entweder die Vaterschaftsanerkennung oder die gerichtliche
Feststellung, um die väterliche Abstammung zu klären.

**Keine auto-
matische
Vaterschaft**

Dasselbe gilt auch dann, wenn ein Kind erst nach der
Scheidung oder Aufhebung einer Ehe geboren wird. Auch
dann erfolgt keine Zurechnung der Vaterschaft mehr zu
dem geschiedenen Ehemann.

b) Anerkennung der Vaterschaft

Um also die väterliche Abstammung bei einem Kind aus
einer nichtehelichen Lebensgemeinschaft zu klären, muss
diese durch den Vater anerkannt werden. Dies ist eine Erklärung des Mannes darüber, dass er anerkennt, das Kind
gezeugt zu haben und damit der Vater des Kindes zu sein.

**Die Erklärung
des Vaters**

Formell ist erforderlich, dass die Anerkennungserklärung
gegenüber der zuständigen Stelle abgegeben wird. Dies
sind:

- ein Notar
- ein Standesbeamter
- das Amtsgericht
- die hierzu berechtigten Beamten und Angestellten des
  Jugendamtes.

Weiterhin muss zu dieser Anerkennung die Zustimmung
der leiblichen Mutter vorliegen. Auch diese Zustimmung
muss durch eine der vorstehend zuständigen Stellen öffentlich beurkundet werden.

**Die Zustim-
mung**

Erfolgt die Anerkennung erst nach Volljährigkeit des betroffenen Kindes, kann nur das Kind selbst die Zustimmung abgeben.

Für den Fall, dass die nicht verheiratete Mutter der Anerkennungserklärung des Mannes nicht zustimmt, muss
der betroffene Mann eine gerichtliche Entscheidung her-
beiführen. Es muss dann eine Klage auf Feststellung der
Vaterschaft eingereicht werden.

Wenn aber die Mutter zum Zeitpunkt der Geburt noch
verheiratet ist, genügt die Anerkennungserklärung des
leiblichen Vaters nicht, um die Vaterschaftsvermutung
des noch mit der Mutter verheirateten Ehemannes zu beseitigen. Es muss zwingend ein Klageverfahren geführt
werden. Dies gilt sogar dann, wenn, wie im Fallbeispiel,
alle Beteiligten gegenüber der zuständigen Stelle einhel-
lig erklären, dass nicht der Ehemann, sondern der neue
Partner der biologische Vater des Kindes ist. Es bleibt also

Anfechtungs- nur übrig, dass Rex eine Anfechtungsklage einreicht, um
klage hierdurch der Anerkennung von Richard zur Wirksamkeit
zu verhelfen. Im Übrigen kann der leibliche Vater, wenn
er die Vaterschaft zunächst noch nicht anerkannt hat, innerhalb eines Zeitraumes von einem Jahr ab Rechtskraft
des Scheidungsurteils, mit der Zustimmung des früheren
Ehemannes die Vaterschaft anerkennen.

c) Sonderfälle

Eine Besonderheit gilt in dem Falle, in dem der frühere
Ehemann vor der Geburt des Kindes gestorben ist.

Das Gesetz vermutet dann, dass ein Kind, welches innerhalb eines Zeitraumes von 300 Tagen nach dem Tod des
Ehemannes geboren ist, ein Kind des verstorbenen Ehemannes ist. Auch dann muss der Klageweg beschritten
werden.

Wiederum eine Ausnahme hiervon wird jedoch gemacht,
wenn die Mutter und der biologische Vater vor der Geburt
des Kindes heiraten, da dann erneut, diesmal zugunsten
des biologischen Vaters, die gesetzliche Vaterschaftsvermutung eingreift.

d) Wer ist zur Anfechtung berechtigt und wie lange?

Bei der Anfechtung der Vaterschaft ist zum einen zu klären, wer berechtigt ist, die Anfechtungsklage einzureichen,
und zum anderen, innerhalb welcher Frist die Anfechtung
erfolgen muss.

Anfechtungsberechtigt sind der (Schein-)Vater des Kindes, **Die Berech-**
das Kind selbst und auch die Mutter. Derjenige Mann, der **tigten**
biologisch der Vater ist, kann die Anfechtung nur durch-
führen, wenn er zum einen an Eides statt versichert, dass
er der Mutter des Kindes während der Empfängniszeit bei-
gewohnt hat und wenn das Kind und der durch gesetzliche
Vermutung festgelegte Vater nicht in einer sozial familiä-
ren Beziehung stehen. Dies ist beispielsweise dann gegeben, wenn der juristische Vater die Verantwortung für das
Kind übernommen hat, etwa indem er mit der Mutter des
Kindes zusammenlebt.

Die Anfechtungsfrist ist für alle Anfechtungsberechtigten **Die Frist**
gleich, sie beträgt zwei Jahre und beginnt mit dem Zeitpunkt, zu dem der Anfechtungsberechtigte von den Umständen erfährt, die die Anfechtung begründen können,
frühestens jedoch mit der Geburt des betroffenen Kindes.

e) Benennung des leiblichen Vaters

Von diesen Fällen ist die anders gelagerte Konstellation zu
unterscheiden, dass es zwar einen juristischen Vater gibt,
sei es durch Ehe, sei es durch Anerkennung, jedoch offenkundig ist, dass dieser nicht der tatsächliche Vater ist.

Die Anfechtung der Vaterschaft führt dann zwar zu einer Änderung in der formalen Position, jedoch ist damit
noch nicht bekannt, wer tatsächlich der Vater ist. Insofern
wird immer wieder diskutiert, ob die Mutter verpflichtet
ist, dem Kind bzw. dem früheren Scheinvater, den Namen
des leiblichen Vaters zu nennen. Dies kann vor allem auch
wirtschaftliche Gründe haben: Hat nämlich der Scheinvater über viele Jahre Unterhalt bezahlt, kann er den biologischen Vater auf Rückerstattung dieser Zahlungen in
Anspruch nehmen.

Im Übrigen hat das Kind selbstverständlich ein Recht auf
Kenntnis seines leiblichen Vaters, was auch das Bundesverfassungsgericht in einer Grundsatzentscheidung Ende
der 1980er Jahre bereits bejaht hat. Allerdings ist gleichzeitig zu beachten, dass die Mutter unter Umständen trif-

tige Gründe hat, den Namen des Vaters ihres Kindes nicht zu nennen. Insofern ist hier ein juristischer Balanceakt miteinander kollidierender und widerstreitender Rechte von Mutter und Kind gegeben, der rechtlich nicht gelöst ist.

 Eindeutig geklärt ist demgegenüber, dass der Scheinvater weder aus eigenem noch aus vom Kind abgeleitetem Recht einen Anspruch auf Benennung des echten Vaters hat.

Gleiches gilt auch für Behörden, die beispielsweise Unterhaltsvorschussleistungen erbringen und insofern ein Interesse daran haben könnten, dass die Mutter den Vater benennt. Weigert sich die Frau, können zwar Ansprüche gegen den öffentlichen Träger verloren gehen, davon wird jedoch beispielsweise der Sozialhilfeanspruch des Kindes nicht berührt.

f) Das DNA-Gutachten

Im Rahmen eines Abstammungsverfahrens ist weiterhin zu beachten, dass sowohl bei einer Klage auf Anfechtung der Vaterschaft wie auch auf Feststellung der Vaterschaft ein DNA-Gutachten erstellt wird. Da diese Analysen mittlerweile extrem verfeinert wurden, stellen sie eine Entscheidungsgrundlage mit ausreichender Sicherheit dar.

Verpflichtung zur Mitwirkung In diesem Zusammenhang ist eindeutig die Verpflichtung aller Beteiligten, die Entnahme von Blut- und Speichelproben zu dulden, geklärt. Nur in dem Falle, in dem ernsthafte gesundheitliche Gefährdungen bestehen bzw. drohen, kann die Entnahme dieser Proben verweigert werden.

Der heimliche Test Davon zu unterscheiden ist die Frage, inwieweit ein heimlicher Vaterschaftstest als Beweismittel im Rahmen einer Vaterschaftsfeststellung oder Vaterschaftsanfechtungsklage anerkannt ist. Hierzu hat der Bundesgerichtshof im Jahre 2005 in zwei Entscheidungen für Klarheit gesorgt: Im Rahmen einer Anfechtungsklage darf das Ergebnis eines heimlich durchgeführten Vaterschaftstestes nicht verwendet werden. Die Problematik dieser Entscheidung besteht jedoch nicht nur darin, dass der heimliche Test kein zulässiges Beweismittel ist. Denn ein solcher Test kann im Rahmen des gerichtlichen Verfahrens nachgeholt bzw. nochmals durchgeführt werden.

Die eigentliche Problematik, mit der sich auch der Bundesgerichtshof auseinandergesetzt hat, besteht in der Beweislastverteilung bzw. in der Zulässigkeitsvoraussetzung der Anfechtungsklage. Denn derjenige, der die Vaterschaft anficht, muss konkrete Tatsachen darlegen, aus denen sich seine Gründe, weshalb er Zweifel an der Vaterschaft hat und diese anficht, ableiten lassen.

Das Ergebnis des Vaterschaftstestes reicht zur Begründung dieser gesetzlich vorgeschriebenen Voraussetzung nicht aus. Denn für eine Vaterschaftsanfechtung muss konkret dargelegt werden, aufgrund welcher Tatsachen der Vater davon ausgeht, nicht der Vater des Kindes zu sein.

g) Vaterschaftsanerkennung vor Geburt?

Im Rahmen der Vaterschaftsanerkennung ist noch zu beachten, dass diese Erklärung bereits vor der Geburt des Kindes abgegeben werden kann. Es ist eine bedingungsfeindliche Erklärung. Das heißt, die Erklärung kann nicht unter einer Bedingung, beispielsweise spätere Eheschließung mit der Mutter oder einer Zeitbestimmung, erfolgen. Ist der Vater noch nicht volljährig, also unter 18 Jahre alt, kann er die Anerkennung trotzdem selbst abgeben, bedarf allerdings noch der Zustimmung seiner gesetzlichen Vertreter. **Keine Bedingungen**

Beachten Sie, dass die Anerkennung vor der Geburt auch erst mit der Geburt des Kindes wirksam wird.

1.2 Folgen

Für die Frage der Vaterschaftsanerkennung spielt der Bestand oder Nichtbestand der nichtehelichen Lebensgemeinschaft keine Rolle. Selbst wenn sich also die Mutter und der Erzeuger des Kindes vor der Geburt ihres Nachkömmlings trennen, kann die Vaterschaft anerkannt werden, solange sich alle Beteiligten einig sind.

Beseitigung nach Anerkennung Ist die Vaterschaft im Übrigen einmal anerkannt worden, kann sie nur noch durch eine gerichtliche Entscheidung unter den Voraussetzungen für eine Vaterschaftsanfechtung beseitigt werden.

Auswirkungen auf Unterhalt, Erbrecht und Sorgerecht Zentrale Bedeutung hat die Vaterschaftsanerkennung insbesondere auch vor der Geburt des Kindes im Hinblick auf zwei Bereiche: Der Vater ist dem Kind grundsätzlich zum Unterhalt verpflichtet. Ist also der getrennt lebende Ehemann aufgrund der gesetzlichen Vaterschaftsvermutung zunächst der rechtliche Vater des Kindes, besteht zu seinen Lasten eine Unterhaltspflicht, und das Kind ist auch, sollte der rechtliche Vater versterben, erbberechtigt. Diese Rechte bzw. Ansprüche werden nur durch Aufhebung der Vaterschaft beseitigt. Zum zweiten ist die Vaterschaftsanerkennung Voraussetzung dafür, dass der Vater die Möglichkeit hat, ein Sorgerecht für sein Kind zu erhalten.

1.3 Richtiger Zeitpunkt für einen Scheidungsantrag

Wichtig ist, dass Sie sich für den Fall, dass die Mutter des Kindes zum Zeitpunkt der Schwangerschaft noch mit einem anderen Mann verheiratet sein sollte, ernsthafte Gedanken darüber machen, einen Scheidungsantrag einzureichen. Sonst bleibt nach der Geburt des Kindes nur die Möglichkeit, die Vaterschaft des Erzeugers durch entsprechende Klageverfahren (Anerkennungserklärung des leiblichen Vaters und Feststellungsklage bzw. Anfechtungsklage des rechtlichen Vaters) zu berichtigen. Andernfalls wird, wie im Ausgangsbeispiel, die Situation verkompliziert, sodass schon außerordentlich triftige und gewichtige Gründe vorliegen müssten, um im Falle einer Schwangerschaft keinen Scheidungsantrag zu stellen.

2. Wer bekommt das Sorgerecht?

2.1 Rechtliche Ausgangslage

a) Elterliche Sorge im Innen- und Außenverhältnis

Die Verantwortung für ein Kind umfasst unabhängig von der Frage, ob die Eltern in nichtehelicher Lebensgemeinschaft leben oder verheiratet sind, ob Alleinsorge oder gemeinsame Sorge besteht, immer zwei verschiedene Zielrichtungen.

Zum einen wird unter der eigentlichen elterlichen Sorge die Verpflichtung und gleichzeitig auch die Berechtigung verstanden, für das Kind im Innenverhältnis zu sorgen. Gemeint sind damit alle Entscheidungen, die die Belange des Kindes, insbesondere im Bereich der Familie, betreffen. *Innenverhältnis*

Zum anderen müssen die sorgeberechtigten Personen selbstverständlich auch Rechtsverhältnisse nach außen, somit Dritten gegenüber, regeln. Dies ist die Vertretungsmacht der Eltern, die sich darauf bezieht, dass das Interesse des Kindes Dritten gegenüber wahrgenommen werden muss. *Außenverhältnis*

b) Aspekte der elterlichen Sorge

Mit dem Begriff der elterlichen Sorge ist eine umfassende Verantwortung für das Wohl und Wehe des Kindes gemeint. Die elterliche Sorge selbst kann in verschiedene Teilbereiche untergliedert werden.

Zur elterlichen Sorge gehört zum einen die Personensorge, die sich auf alles bezieht, was mit dem Wohlergehen des Kindes zusammenhängt. *Personensorge*

Zum Zweiten gehört dazu auch die Vermögenssorge, die sich auf die finanziellen Belange des Kindes bezieht. Dies meint nicht nur die Verwaltung von Sparguthaben und Geldgeschenken, sondern beispielsweise auch die Fälle, *Vermögenssorge* in denen dem Kind größere Vermögenswerte zugewandt werden sollen oder eine Erbschaft zufällt.

Daneben lässt sich die elterliche Sorge noch in weitere Teilaspekte auffächern.

Gesundheits-sorge Hierzu gehört beispielsweise die Gesundheitssorge für das Kind und somit also die Entscheidung, welche Behandlungsmaßnahmen eingeleitet werden, wo das Kind krankenversichert ist oder ob Impfungen ausgeführt werden.

Aufenthalts-bestimmungs-recht In der Praxis von erheblicher Bedeutung ist das Aufenthaltsbestimmungsrecht. Dies bedeutet die Verantwortung und Entscheidungsbefugnis darüber, wo das Kind sich grundsätzlich aufhält, wo es also seinen Wohnsitz hat, oder auch, ob es beispielsweise in einem Internat untergebracht wird.

Beispielsweise besteht die Möglichkeit, dass die Eltern ein gemeinsames Sorgerecht haben, das Aufenthaltsbestimmungsrecht jedoch lediglich einem Elternteil zusteht.

 Eine solche Verteilung des Sorgerechtes ist grundsätzlich nicht statisch, sondern kann je nach Lebensumständen, in der Regel durch gerichtliche Entscheidung, abgeändert werden.

c) Wie das Sorgerecht entsteht

Bei nicht verheirateten Eltern entsteht mit der Geburt des Kindes automatisch das alleinige Sorgerecht der Mutter. Dies bedeutet, dass sie alle Entscheidungen für das Kind treffen kann, ohne sich gegebenenfalls mit dem leiblichen Vater abstimmen zu müssen.

Sorge-erklärung vor der Geburt Allerdings steht seit der Kindschaftsrechtsreform auch nicht verheirateten Paaren die Möglichkeit offen, bereits vor der Geburt des Kindes eine Sorgeerklärung abzugeben. Damit ist gemeint, dass die Eltern vor der Geburt des Kindes entweder gegenüber dem Jugendamt oder gegenüber einem Notar erklären, dass sie die gemeinsame Sorge ausüben wollen.

Beachten Sie hierbei, dass eine Erklärung *beider* Elternteile notwendig ist. Es liegt also nicht in der Hand des Vaters durch eine einseitige Sorgeerklärung gegenüber dem Jugendamt ein gemeinsames Sorgerecht herbeizuführen.

Die kraft Gesetzes allein sorgeberechtigte Mutter muss ihre Zustimmung zu einem gemeinsamen Sorgerecht erklären. Eine Zustimmung des Kindes zum Sorgerecht ist gesetzlich nicht vorgesehen.

Sollte einer der Elternteile minderjährig sein, bedarf dieser Elternteil wiederum zur Abgabe der Sorgeerklärung der Zustimmung seines gesetzlichen Vertreters.

Beachten Sie auch: Die Abgabe einer gemeinsamen Sorgeerklärung hängt nicht davon ab, dass die Eltern tatsächlich zusammenwohnen.

Geben die Eltern vor der Geburt des Kindes keine gemeinsame Sorgeerklärung ab, steht es ihnen nach der Geburt jederzeit frei, durch entsprechende Erklärung gegenüber der zuständigen Stelle, ein gemeinsames Sorgerecht herbeizuführen. Es gibt hierfür keine Fristen und keine zeitlichen Begrenzungen.

Sollten Sie die Sorgeerklärung erst nach Geburt des Kindes abgeben, beachten Sie bitte, dass sie dann innerhalb eines Zeitraumes von drei Monaten ab Begründung des gemeinsamen Sorgerechtes den Familiennamen des Kindes ändern können.

d) Kann das Sorgerecht geändert werden?

Wenn die Eltern sich einmal für ein gemeinsames Sorgerecht entschieden haben, kann dieses Sorgerecht nur noch durch eine gerichtliche Entscheidung abgeändert werden. Dies sogar dann, wenn beide Eltern sich darüber einig sind, dass das Sorgerecht oder Teilbereiche des Sorgerechtes geändert werden sollen.

Erfordernis der gerichtlichen Entscheidung

Nichteheliche Eltern können grundsätzlich einmal von einer alleinigen Sorge durch einen bloßen Antrag auf eine gemeinsame Sorge »umschalten«, ab dann ist jedoch stets die Entscheidung eines Gerichtes einzuholen.

e) Die Vertretung des Kindes

Der zweite Bereich, der die Verantwortung für das Kind umfasst, ist die Vertretung des Kindes nach außen, gegenüber dritten Personen. Man spricht deshalb von Vertretungsmacht.

Vertretung und Sorgerecht gehören zusammen

Grundsätzlich steht die Vertretungsmacht demjenigen zu, der auch Inhaber der elterlichen Sorge ist. Die Vertretungsmacht ist also untrennbar mit dem Sorgerecht verbunden. Dies bedeutet gleichzeitig, dass für den Fall, dass bestimmte Teilbereiche der elterlichen Sorge einem der Elternteile zur alleinigen Ausübung übertragen sind, die diesbezügliche Vertretungsmacht auch nur bei diesem Elternteil liegt.

Ist also zum Beispiel lediglich ein Elternteil mit der Vermögenssorge für das Kind betraut, können Rechtsgeschäfte wie Kaufverträge nur von dem Elternteil für das Kind wirksam abgeschlossen werden, der die Vermögenssorge innehat.

Beachten Sie, dass die Vertretungsmacht ebenso umfassend ist wie das Sorgerecht bzw. aus dem umfassenden Sorgerecht die umfassende Vertretungsmacht folgt.

Die Bedeutung der Vertretungsmacht wird deutlich, wenn man sich deren Umfang vergegenwärtigt. Denn die Vertretungsmacht als Ausfluss der elterlichen Sorge ist nicht nur die Befugnis, zum Beispiel Entschuldigungen für den Kindergarten oder die Schule zu unterschreiben und die Einwilligung in Klassenfahrten zu erteilen, sondern geht viel weiter. Jede Form von finanziellem Geschäft unterliegt der Vertretungsmacht der Eltern. Gleichgültig, ob es darum geht, dass das Kind von seinem Kommuniongeld ein Fahrrad kaufen möchte oder ob eine Erbschaft angenommen oder ausgeschlagen wird.

Ausnahmen

Es gibt zwar Situationen, in denen diese Vertretungsmacht durchbrochen wird und eine Genehmigung des Familiengerichtes notwendig ist, jedoch handelt es sich hierbei um Ausnahmen.

Dies ist zum Beispiel immer dann der Fall, wenn dem Kind eine Immobilie übertragen werden soll. Denn die Schenkung einer Immobilie ist unter Umständen nicht nur vorteilhaft, sondern birgt auch Nachteile, insbesondere dann wenn die Immobilie noch mit Schulden belastet ist. In solchen Fällen genügt es nicht, Inhaber des Sorgerechtes und der Vertretungsmacht zu sein, sondern es bedarf eines speziellen gerichtlichen Verfahrens und teilweise sogar für dieses einzelne Geschäft der Einsetzung eines sogenannten Pflegers, um einen solchen Vertrag wirksam zustande kommen zu lassen. Hintergrund ist, dass minderjährige Kinder aus Sicht des Gesetzgebers in bestimmten Fällen zusätzlich geschützt werden sollen. Es soll ein Missbrauch der elterlichen Vertretungsmacht zu Lasten des Kindes verhindert werden.

Einsetzung eines Pflegers

f) Die Beantragung einer Beistandschaft

Der Vollständigkeit halber sei darauf hingewiesen, dass seit der Reform des Kindschaftsrechtes die früher bekannte Amtspflegschaft abgeschafft ist. Vor der Reform des Kindschaftsrechtes entstand bei der Geburt eines nichtehelichen Kindes automatisch eine Amtspflegschaft. Diese von Gesetzes wegen eintretende Amtspflegschaft wurde ersetzt durch eine freiwillige Beistandschaft, die das Jugendamt ausübt. Die Beistandschaft ist als Unterstützung einer ledigen Mutter gedacht. Sie kann bereits vor der Geburt beantragt werden.

Beachten Sie, dass Sie durchaus die Möglichkeit haben, vor der Geburt das gemeinsame Sorgerecht und gleichzeitig auch eine Beistandschaft zu beantragen. In diesem Fall erfahren die Eltern bzw. die Mutter, sollte sie alleinerziehend sein, Unterstützung durch das Jugendamt.

Unter Umständen kann es deshalb außerordentlich hilfreich sein, diese Möglichkeit zu nutzen, wie etwa bei der Geltendmachung von Unterhaltsansprüchen.

2.2 Folgen

Für das Sorgerecht spielt es keine Rolle, ob die nichteheliche Lebensgemeinschaft Bestand hat oder nicht oder
ob sie zum Zeitpunkt der Geburt des Kindes bereits nicht
mehr vorhanden ist. Beziehung und Sorgerecht sind streng
voneinander zu trennen.

Der Vorteil besteht darin, dass die Eltern, selbst wenn sie
nicht zusammenleben sollten, sich darauf einigen können,
die Verantwortung für ihr Kind gemeinsam zu tragen.
Auch nach einer Trennung können die Eltern folglich noch
ein gemeinsames Sorgerecht beantragen.

2.3 Überlegungen zum Sorgerecht

**Vorteile vor
der Geburt**
Im Rahmen des Sorgerechts gilt es vielfältige Aspekte
zu überlegen. Die Beantragung eines gemeinsamen Sorgerechtes hat zum einen eine praktische Ebene: Wird das
gemeinsame Sorgerecht beispielsweise vor der Geburt beantragt und kommt es während der Geburt zu Komplikationen, kann der Vater alle notwendigen Entscheidungen
treffen, selbst wenn die Mutter beispielsweise nicht mehr
ansprechbar sein sollte.

Weiterhin ist zu bedenken, dass im Falle einer Alleinsorge der nicht sorgeberechtigte Elternteil nicht einmal ein
Schulzeugnis unterschreiben kann.

**In Ausnahme-
situationen**
Im Übrigen sind vielfältige Konstellationen denkbar, in
denen der allein sorgeberechtigte Partner beispielsweise
auch nur vorübergehend verhindert ist, die elterliche Sorge
auszuüben. Zum Beispiel wenn einer der beiden Partner,
der das Sorgerecht hat, beruflich bedingt abwesend ist und
das Kind einen Unfall hat, stellt sich die Frage welche Ent
scheidungen der andere Elternteil, der kein Sorgerecht hat,
treffen kann und wo die Grenze gezogen ist.

**Vorteile einer
Aufspaltung**
Sinn kann es durchaus auch machen, sich von vornherein
zu überlegen, ob Teilbereiche der elterlichen Sorge aus-
gegliedert werden sollen, zum Beispiel das Aufenthaltsbestimmungsrecht. Denn wenn ein Elternteil aus einem
anderen Land kommt und nach Trennung der Beziehung

dorthin zurückgeht, schafft die Übertragung des Aufenthaltsbestimmungsrechtes auf den im Inland verbliebenen Elternteil Klarheit darüber, wo sich das Kind langfristig, auch im Falle einer Trennung, aufhalten soll.

Gleiches gilt, wenn einer der beiden Partner beispielsweise psychisch erkrankt. Auch dann kann es Sinn machen, das Aufenthaltsbestimmungsrecht in jedem Falle auf den anderen Elternteil ausschließlich zu übertragen, damit dieser jederzeit agieren kann.

Neben diesen pragmatischen Überlegungen sollte die emotionale Bedeutung bzw. die symbolische Bedeutung eines gemeinsamen Sorgerechtes nicht übersehen werden. Denn derjenige Elternteil, der die Alleinsorge abgibt und einer gemeinsamen Sorge zustimmt, transportiert damit auch emotionale Achtung vor seinem Partner. Umgekehrt zeigt die Bereitschaft zu einem gemeinsamen Sorgerecht, dass beide Partner bereit sind, die Verantwortung für ihr Kind zu übernehmen. Deshalb wird unter Juristen auch oft von der »Signalwirkung« gesprochen, wenn es darum geht, dass nach einer Trennung Sorgerechtsanträge gestellt werden. **Signalwirkung**

Durch eine Abänderung des bestehenden Sorgerechtes in die eine oder andere Richtung wird, gerade bei älteren Kindern, deutlich gemacht, welcher Elternteil stärker in die Verantwortung genommen wird. Deshalb sollten Sie die Auswirkung jedweder sorgerechtlichen Regelung auf die emotionalen Beziehungen, auch des Kindes zu dem jeweiligen Elternteil, nicht übersehen. **Tipp**

3.   Welchen Namen tragen die Kinder?

Fallbeispiel

Rick und Elsa werden stolze Eltern einer prächtigen kleinen Tochter. Nachdem Elsa aus dem Krankenhaus in den Familienstammsitz von Ricks Familie, die Casa Blanca, zurückgekehrt ist, stellt Rick mit Entsetzen bei einem Blick auf die Geburtsurkunde fest, dass seine Tochter den Nachnamen von Elsa trägt.

Da Rick vor der Geburt bereits die Vaterschaft anerkannt hat, war er automatisch davon ausgegangen,
dass Elsa seinen Namen als Familiennamen angeben
werde. Denn schließlich ist die kleine Tochter der voraussichtlich letzte Sprössling einer langen Ahnenreihe
und soll deshalb den Namen von Ricks Familie in die
nächste Generation tragen.

Elsa zeigt sich wenig begeistert von einer Namensänderung, zumal sie der Meinung ist, dass dies nicht
mehr möglich sei. Im Übrigen wäre es auch in anderen
Kulturkreisen üblich, dass Töchter den Familiennamen
der Mutter fortführen, weshalb sie eigentlich nicht bereit ist, eine Änderung des Namens vorzunehmen.

3.1   Rechtliche Ausgangslage

a) Namensgebung bei einem sorgeberechtigten Elternteil

Geben die nichtehelichen Eltern vor der Geburt des Kindes keine gemeinsame Sorgeerklärung ab, die dazu führt,
dass die Eltern ab der Geburt die elterliche Sorge gemeinsam ausüben können, entsteht automatisch das alleinige
Sorgerecht der Mutter.

**Automatisch
Name der
Mutter**
In diesem Fall erhält das Kind kraft Gesetzes den Namen
desjenigen Elternteiles als Familiennamen, der zum Zeitpunkt der Geburt die elterliche Sorge hat. Allerdings ist
dies keine zwingende Regelung, sondern greift nur dann
ein, wenn keine anderweitige Entscheidung getroffen
wird. Denn: Der sorgeberechtigte Elternteil kann dem
Kind durchaus auch den Namen des anderen Elternteils
zuweisen. Diese Möglichkeit besteht auch nach der Geburt
des Kindes, es könnte also im Fallbeispiel durchaus bei
einem alleinigen Sorgerecht von Elsa verbleiben und diese
trotzdem noch erklären, dass das Kind einen anderen Familiennamen erhalten soll. Erforderlich ist dann aber die
Einwilligung des anderen Elternteils.

Wenn das Kind das fünfte Lebensjahr vollendet hat, muss auch das Kind selbst einwilligen. Beachten Sie, dass sämtliche Erklärungen hierfür öffentlich beglaubigt werden müssen.

b) Namensgebung bei gemeinsamer elterlicher Sorge

Seit der Kindschaftsrechtsreform haben die Eltern die Möglichkeit, eine gemeinsame Sorgeerklärung bereits vor der Geburt des Kindes abzugeben. Mit der Geburt entsteht dann automatisch ein gemeinsames Sorgerecht der Eltern.

Sorge-erklärung vor der Geburt

In diesem Fall haben die Eltern die Möglichkeit, bei der Beurkundung der Geburt gegenüber dem Standesamt, zwischen einem ihrer beiden Nachnamen zu wählen.

Sollten sich die Eltern nicht auf einen Nachnamen einigen können, greift notfalls das Gericht ein. Das Familiengericht überträgt nämlich dann die Entscheidungsbefugnis für den Familiennamen einem der beiden Elternteile und setzt zur Nennung des Nachnamens eine Frist. Erfolgt innerhalb dieser Frist keine Reaktion der Eltern, erhält das Kind automatisch den Nachnamen desjenigen Elternteiles, dem dieses Bestimmungsrecht durch das Gericht übertragen wurde.

Fehlende Einigung

Auch wenn zum Zeitpunkt der Geburt die Mutter das alleinige Sorgerecht hat, können die Partner einer nichtehelichen Lebensgemeinschaft jederzeit eine gemeinsame Sorgeerklärung abgeben.

Gesetzlich festgelegte Folge ist, dass innerhalb einer Frist von drei Monaten ab Abgabe dieser Erklärung die Eltern die Möglichkeit haben, den Familiennamen des Kindes zu ändern. Es müssen aber in jedem Fall beide Eltern dann eine Erklärung abgeben, die ebenfalls entweder notariell beurkundet oder dem Jugendamt gegenüber erklärt werden muss.

Wenn das Kind sein fünftes Lebensjahr bereits vollendet hat, muss auch das Kind dieser Namensänderung zustimmen.

Sollten die Partner der nichtehelichen Lebensgemeinschaft nach der Geburt eines gemeinschaftlichen Kindes heira-

Spätere Heirat

ten, haben sie die Möglichkeit, wenn sie sich für einen gemeinsamen Ehenamen entscheiden, den Nachnamen ihres Kindes nochmals zu ändern.

 Sollte das Kind das fünfte Lebensjahr bereits vollendet haben, muss es auch hier mit der Namensänderung einverstanden sein.

3.2 Folgen

Die Namensfrage ist unabhängig davon, ob die Partner einer nichtehelichen Lebensgemeinschaft diese Gemeinschaft leben oder ob sie sich zu irgendeinem Zeitpunkt trennen. Wichtig ist, dass durch die Trennung als solche keine Änderung des Nachnamens eintritt. Dies ist ebenso wie bei verheirateten Paaren.

Trennung hat keine Bedeutung Selbst wenn es im Zuge einer Trennung zu Auseinandersetzungen um das Sorgerecht käme, wird der Nachname hiervon nicht beeinflusst.

3.3 Allgemeine Überlegungen

Während also verheiratete Paare die Qual der Wahl lediglich betreffend des Vornamens haben, stehen nicht verheiratete Paare auch hinsichtlich des Nachnamens vor einem Scheideweg.

 Sie sollten sich, wenn Sie sich nicht spontan einig sind, mit der Entscheidung ebenso viel Zeit lassen wie mit der Wahl des Vornamens. Es gibt keine rationalen Gründe, die für den einen oder gegen den anderen Nachnamen sprechen.

Sie bewegen sich in diesem Thema ausschließlich auf dem Terrain der Emotion, das teilweise auch zum Minenfeld werden kann. Wenn Uneinigkeit aufkommt, sollten Sie versuchen, mit Geduld und viel Verständnis für die Interessen des anderen doch noch zu einer Lösung zu kommen.

Es gibt keine Motive oder Gründe, die besser oder schlechter sind als andere; oftmals ist es auch so, dass sich im Laufe der Zeit eine Lösung entwickelt, die dann von beiden Eltern mitgetragen wird. Selbst wenn Sie sich nicht sofort einigen sollten, ist offensichtlich, dass auch nach der Geburt des Kindes noch eine Änderung herbeigeführt werden kann, so dass letztendlich mit einer vorläufigen Entscheidung nichts verloren ist.

4. Wer ist zum Umgang mit dem Kind verpflichtet und berechtigt?

4.1 Rechtliche Ausgangslage

Vollkommen unabhängig vom Bestand eines Sorgerechtes ist das Umgangsrecht zu sehen. Grundsätzlich hat jeder Elternteil das Recht, vor allem aber auch die Pflicht, den Umgang mit seinem Kind zu pflegen (§ 1684 BGB).

Beachten Sie, dass dieses Umgangsrecht nicht nur den Eltern des Kindes zusteht, sondern seit einer Reform des Gesetzes auch den Großeltern, den Geschwistern und anderen engen Bezugspersonen!

Sollte es zu Streitigkeiten über das Umgangsrecht kommen, muss notfalls das Familiengericht darüber entscheiden, in welchem zeitlichen Umfang das Umgangsrecht bestehen soll und wie es ausgeübt wird, beispielsweise ob dazu auch Übernachtungen des Kindes bei dem umgangsberechtigten Elternteil oder der umgangsberechtigten Person gehören. **Das Familiengericht entscheidet**

Beachten Sie, es gibt nicht nur ein Umgangsrecht, sondern auch eine Umgangspflicht.

Das Kind kann verlangen, dass die Eltern oder andere nahe Angehörige mit ihm Umgang pflegen und könnte dies sogar einklagen. Umgekehrt muss natürlich auch gesehen werden, dass nach einer Trennung der sorgeberechtigte Elternteil entscheiden muss, ob der Umgang tatsächlich dem Kindeswohl entspricht.

Sollten Umstände vorliegen, aus denen sich ergibt, dass der Umgang dem Kindeswohl nicht entspricht, zum Beispiel bei Alkoholabhängigkeit des umgangsberechtigten Elternteiles, kann vom anderen Elternteil das Umgangsrecht verweigert werden. Auch hier müssen häufig die Gerichte eingreifen.

Hinsichtlich der zeitlichen Ausgestaltung, also der Frage, wie häufig und wie lange der Umgang stattfindet, sind verschiedene Regelungen denkbar. Regelmäßig werden Wochenendregelungen nach einer Trennung bevorzugt.

 Beachten Sie, dass für die Regelung – auch bei einem gerichtlichen Austrag – ausschließlich das Kindeswohl Maßstab ist

4.2 Folgen

Das Umgangsrecht kommt im Grunde genommen immer erst dann zum Tragen, wenn eine nichteheliche Lebensgemeinschaft gescheitert ist. Konflikte während des Bestehens, zum Beispiel wegen des Umgangsrechts mit anderen Verwandten, Großeltern etc., sind eher als Ausnahme zu sehen.

4.3 Allgemeine Überlegungen

Auch wenn das Umgangsrecht wie auch die Umgangspflicht gesetzlich verankert ist und beides eingeklagt werden kann, sollte der gerichtliche Weg zur Regelung des Umgangs immer der letzte Schritt sein. Da auch im gerichtlichen Verfahren das Jugendamt eingeschaltet wird, sollte dieses immer einer der ersten Ansprechpartner sein, um eine Vermittlung zu erreichen.

 Es kann an dieser Stelle nur mehr als dringend empfohlen werden, Beratungsangebote der Kommunen und Landkreise wahrzunehmen oder gegebenenfalls im Rahmen einer Mediation dieses Thema zu klären.

Verfahren, die den Umgang betreffen, sind für alle Beteiligten mehr als belastend. Gerade wenn es darum geht, Umgang zu verhindern, wird nach wie vor genug »schmutzige Wäsche vor Gericht gewaschen«, die die Beziehung zwischen den Eltern nicht fördert, sondern vollkommen ruinieren kann, und im Übrigen sind solche Verfahren nicht wirklich dem Kindeswohl dienlich.

Sie sollten auch bedenken, dass im Rahmen eines gerichtlichen Austragens gegebenenfalls ein psychologisches Gutachten über das Kind erstellt werden muss und auch das Jugendamt eingeschaltet wird, um zu einer Entscheidung durch das Gericht zu kommen.

Belastungen für das Kind

Weiter ist zu sehen, dass demjenigen, der ein Umgangsrecht gerichtlich erstritten hat, aufgrund der Rechtspraxis in Deutschland oft dieser gerichtliche Titel nichts nutzt. Im Notfall kann derjenige, der das Umgangsrecht erstritten hat, zwar den Gerichtsvollzieher und die Polizei beauftragen, das Kind abzuholen, doch wer will diesen Schritt schon gehen?

Umgekehrt nutzt es auch nichts, eine Umgangspflicht zu erstreiten, wenn am vereinbarten Termin der andere Partner nicht da ist. Sie können das Kind schlecht mit dem Koffer in der Hand vor der Tür des anderen Elternteiles aussetzen.

Die Praxis zeigt, dass langwierige und belastende Umgangsverfahren im Ergebnis auch kaum etwas bringen können, da die Probleme, die dem Rechtsstreit zugrunde liegen, im Grunde genommen nicht justiziabel sind. Es geht oftmals mehr um emotionale als um wirklich sachliche Gründe.

Rechtsstreit bringt häufig nicht viel

Prüfen Sie immer kritisch selbst, ob der Streit um das Umgangsrecht wirklich um dieses kreist oder ob im Wege des Umgangsrechtes andere Konflikte ausgetragen werden. Wenn Letzteres der Fall ist, sollten Sie einen eventuell schon eingeschlagenen Weg nochmals kritisch hinterfragen und prüfen, wer Ihnen außergerichtlich helfen kann.

Kapitel 4
Welche Unterhaltsansprüche gibt es bei der nichtehelichen Lebensgemeinschaft?

1. Unterhaltsansprüche der Partner untereinander, wenn keine gemeinsamen Kinder da sind

1.1 Rechtliche Ausgangslage

Es gibt keine gesetzliche Normierung, aus der sich ergibt, dass die Partner einer nichtehelichen Lebensgemeinschaft wechselseitig Unterhaltsansprüche haben. Solches kann lediglich praktiziert oder vertraglich vereinbart werden.

1.2 Folgen bei Zusammenleben

Unterhaltsansprüche kaum von Relevanz

Solange die Partner zusammenleben, hat die Frage von Unterhaltsansprüchen fast keine praktische Relevanz. Teilweise wird zwar die Ansicht vertreten, es würden gerade wenn im Rahmen einer nichtehelichen Lebensgemeinschaft ein Partner den Haushalt führt, indirekt durch das Zusammenziehen und dieser Aufgabenverteilung ein sogenannter konkludenter Vertrag geschlossen. Konkludenter Vertrag bedeutet hierbei, dass ohne irgendwelche Erklärungen allein aufgrund des konkreten Tuns ein Vertrag zustande kommt. Man könnte dann von einem stillschweigenden Unterhaltsvertrag sprechen. Jedoch wird dies wird von der Rechtssprechung nicht getragen. Die Aufnahme einer nichtehelichen Lebensgemeinschaft reicht nicht aus, um von einem solchen Vertrag ausgehen zu können.

 Diese Überlegungen sind deshalb von Bedeutung, da – wenn man der Ansicht folgt, dass durch das Zusammenleben ein Vertrag zustande kommen kann – sich im Trennungsfalle hieraus Unterhaltsansprüche des einen Partners gegen den anderen Partner ableiten ließen.

Da die Meinungen hierzu weit auseinandergehen und im Übrigen die Rechtssprechung mehr als zurückhaltend ist, sollte, wenn einer der Partner ein Sicherungsbedürfnis hat, auf einen solchen indirekt geschlossenen Vertrag für die Zeit nach der Trennung nicht gebaut werden.

Davon losgelöst ist die Möglichkeit, dass die Partner für die Zeit des Zusammenlebens einen Unterhaltsvertrag schließen. Sie können also ausdrückliche Unterhaltsvereinbarungen treffen. Diese können zum Beispiel lediglich auf die Dauer des Zusammenlebens begrenzt werden.

Unterhaltsvertrag

1.3   Unterhaltsansprüche nach der Trennung

Da es nach einer Trennung keinerlei gesetzliche Unterhaltsansprüche gibt, kommen nur vertragliche Unterhaltsansprüche in Betracht.

Vertragliche Unterhaltsansprüche

Die vorstehend beschriebenen Ansprüche in Folge eines konkludenten Vertrages werden keine tragfähige Grundlage bilden, um Unterhaltsansprüche realisieren zu können.

Es ist den Partnern aber unbenommen, Vereinbarungen über die Unterhaltspflichten des einen Partners für den anderen für die Zeit nach der Trennung zu treffen. Dann hätte in der Tat der eine Partner gegen den anderen auf Grundlage eines Vertrages Unterhaltsansprüche.

Umgekehrt stellt sich die Frage, ob derjenige, der während der Dauer des Zusammenlebens das gemeinsame Einkommen finanziert hat, nach der Trennung Rückforderungsansprüche hat. Regelmäßig ist jedoch eine Rückforderung von Unterhaltszahlungen ausgeschlossen, die während der Dauer der nichtehelichen Lebensgemeinschaft erbracht wurden.

1.4   Regelungsbedarf und Checkliste

Gerade dann, wenn die nichteheliche Lebensgemeinschaft so strukturiert ist, dass nur einer der beiden Partner die Verantwortung für die Liquidität der Beziehung trägt, oder wenn einer der Partner primär Haushaltspflichten übernimmt und hierfür finanzielle Einbußen durch eine

geringere Erwerbstätigkeit hinnimmt, sind Unterhaltsregelungen empfehlenswert.

Sie sollten sich in jedem Falle darüber im Klaren sein, ob
es für den Fall der Trennung berechtigte Interessen für
eine Fortdauer von Unterhaltszahlungen gibt.

Folgende Überlegungen sollten Sie anstellen, wenn Sie
Unterhaltsansprüche vertraglich regeln möchten:

**Vertragliche
Regelung von
Unterhalts-
pflichten**

● Wie stellt sich die Aufteilung der finanziellen Leistungsfähigkeit innerhalb Ihrer Beziehung dar?

● Entstehen bei einem von Ihnen beiden finanzielle Nachteile dadurch, dass eine Mehrleistung im Haushalt oder
in anderen internen Belangen erbracht wird?

● Erscheint es für den Fall der Trennung deshalb fair und
gerecht, dass der finanziell schwächere Partner einen
Unterhaltsanspruch per Vertrag haben soll?

● Empfiehlt es sich, gegebenenfalls bereits während des
Bestandes einer Beziehung den fließenden Zahlungs-
fluss tatsächlich in Form von Unterhaltsansprüchen zu
definieren?

● Unter welchen Voraussetzungen soll für den Fall einer
Trennung Unterhalt gezahlt werden?

● In welcher Höhe soll Unterhalt gezahlt werden?

● Hüten Sie sich davor, eventuell gesetzliche Regelungen
für nachehelichen oder nachpartnerschaftlichen Unterhalt blind zu übernehmen. Dies kann nur dann zu inter-
essengerechten Ergebnissen führen, wenn eine wirklich
arbeitsteilige Situation vorliegt.

● Für welchen Zeitraum soll nach Beendigung der Beziehung Unterhalt gezahlt werden?

● Vergessen Sie auf keinen Fall eine Regelung aufzunehmen, die eine Abänderung eines Vertrages erlaubt.

● Vergessen Sie auf keinen Fall festzulegen, unter welchen Voraussetzungen der Unterhaltsanspruch nach
einer Trennung entfällt (zum Beispiel bei Erwerbslo-
sigkeit des Zahlungsverpflichteten).

2. Unterhaltsanspruch des Partners, wenn gemeinsame Kinder vorhanden sind

2.1 Rechtliche Ausgangslage

a) Unterhaltsrechtliche Grundsätze

Um zu einem Unterhaltsanspruch zu gelangen, müssen grundsätzlich drei Voraussetzungen gegeben sein:

- Eine spezialgesetzliche Normierung, die den Unterhaltsanspruch regelt und überhaupt erst ermöglicht. Man nennt ein solches Gesetz Anspruchsgrundlage. **Anspruchsgrundlage**

- Die Bedürftigkeit desjenigen, der den Unterhaltsanspruch geltend machen will. Bedürftigkeit ist immer dann gegeben, wenn der Unterhaltsberechtigte aus eigener Kraft nicht in der Lage ist, seinen Unterhaltsbedarf abzudecken. Der Unterhaltsbedarf darf dabei nicht mit dem Existenzminimum verwechselt werden. Beispielsweise ist der Unterhaltsbedarf einer Frau, die leitende Oberärztin in einem Krankenhaus ist, anders zu berechnen als der Bedarf einer Mutter, die während bestehender Arbeitslosigkeit ein Kind zur Welt bringt. Es spielen also der gesamte Lebenskontext des Unterhaltsberechtigten und dessen finanzielle Situation eine entscheidende Rolle. Wenn dieser individuell ermittelte Bedarf also nicht durch ein eigenes Einkommen vollständig abgedeckt werden kann, liegt überhaupt nur Bedürftigkeit vor. Damit ist auch Bedürftigkeit eine Größe, die im Einzelfall zu bestimmen ist. **Bedarf**

- Die Leistungsfähigkeit des Unterhaltsverpflichteten. Bei der Leistungsfähigkeit wird nicht isoliert das tatsächlich gegebene Einkommen des Verpflichteten zugrunde gelegt. Vielmehr müssen bestehende Verbindlichkeiten, insbesondere auch anderweitige Unterhaltsansprüche, Berücksichtigung finden. Auch berufliche Aufwendungen stellen zum Beispiel einen Faktor dar, der bei der Festlegung der Leistungsfähigkeit Berücksichtigung findet. Es ist zu beachten, dass die Berechnung **Leistungsfähigkeit** der Leistungsfähigkeit ebenso komplex in der Ermittlung ist wie die Bedürftigkeit der Mutter.

 Selbst wenn also dem Grunde nach eine Anspruchsgrundlage vorhanden ist – darunter versteht man diejenige Norm, aus der sich ein Unterhaltsanspruch ergibt –, ist damit noch lange nicht gesagt, dass der Unterhaltsberechtigte diesen Anspruch tatsächlich realisieren kann. Es kann sowohl an der Bedürftigkeit fehlen wie auch an der Leistungsfähigkeit des in Anspruch Genommenen, da ein bestimmtes Einkommen in jedem Falle auch bei dem in Anspruch Genommenen verbleiben muss.

Exkurs: Reform des Unterhaltsrechts

Vorrang des Kindesunterhaltes Nach der Entscheidung des Gesetzgebers durch die Reform zum 1.1.2008 ist künftig in jedem Falle der Kindesunterhalt vorrangig. Dies auch vor dem Unterhaltsanspruch einer getrennt lebenden bzw. geschiedenen Ehefrau. Hierdurch profitieren Kinder in jedem Falle von der Reform.

Im Nachfolgenden wird bei den einzelnen Unterpunkten gegebenenfalls nochmals darauf hingewiesen, was sich infolge der Reform geändert hat, insbesondere soweit es den Unterhaltsanspruch der nichtehelichen Mutter betrifft. Tendenziell ist von einer Verbesserung ihrer Position auszugehen.

b) Unterhaltsanspruch zum Zeitpunkt der Geburt bei nicht verheirateten Eltern

Für die Dauer von sechs Wochen vor bis acht Wochen nach der Geburt hat die Mutter des Kindes gegen den leiblichen Vater bereits nach alter Rechtslage einen Unterhaltsanspruch (§ 1615 l Abs. 1 BGB). In diesem Zusammenhang kann sich der Vater auch nicht darauf berufen, dass beispielsweise die Eltern der Mutter des Kindes finanziell gut situiert sind und insofern Unterhalt erbringen könnten. Denn die Verpflichtung des Vaters geht der Verpflichtung anderer Angehöriger und Verwandter der Mutter des Kindes vor.

c) Weitergehender Unterhaltsanspruch der Mutter des nichtehelichen Kindes

Im Gegensatz zur alten Rechtslage hat die nichteheliche Mutter nunmehr einen gesetzlich garantierten Anspruch auf Unterhalt in den ersten drei Lebensjahren des Kindes. Es zeigt sich hier die Besserstellung betroffener Mütter durch die Reform. **Die ersten drei Lebensjahre**

Aus Billigkeitsgründen kann ein Unterhaltsanspruch auch über diesen Zeitraum hinaus zugesprochen werden. Dies insbesondere dann, wenn das gemeinsame Kind aufgrund einer Erkrankung einen erhöhten Betreuungsbedarf hat und die Mutter deshalb nicht in der Lage ist, für ihr Einkommen selbst zu sorgen.

Außerdem bleibt anzuwarten, inwieweit sich die Unterhaltsansprüche der nichtehelichen Mutter für weitere Zeiträume entwickeln. Für getrenntlebende und geschiedene Ehefrauen galt bisher ein Altersphasenmodell. Nach diesem konnte zum Beispiel erst ab dem siebten Lebensjahr des jüngsten Kindes eine Halbtagstätigkeit verlangt werden und noch später erst eine Ganztagstätigkeit. Durch die Reform sollte die Obliegenheit der Frau zu arbeiten verschärft werden, es sollte also bereits bei jüngeren Kindern verlangt werden können, dass die Frau eine Tätigkeit wieder aufnimmt. Inwieweit die Gerichte diese Absicht der Reform in die Tat umsetzen, bleibt allerdings abzuwarten. Offen ist derzeit deshalb auch, wie sich die Besserstellung der nichtehelichen Mutter auswirkt, wenn die betreuten Kinder älter als drei Jahre sind. **Das Altersphasenmodell**

Spezielle Situationen können sich daraus ergeben, dass die Mutter des nichtehelichen Kindes zum Zeitpunkt der Geburt des Kindes ohnehin keiner Erwerbstätigkeit nachgeht, weil sie noch andere Kinder aus früheren Verbindungen betreut. In diesem Falle ist in einem speziellen Verfahren zu errechnen, welche Unterhaltsquote jeder Vater der von der Mutter betreuten Kinder zu tragen hat. Es kommt in keinem Fall zu einem völligen Ausschluss einer Unterhaltspflicht eines Vaters. **Sonderfälle**

Diese Besserstellung der Mutter ist jedoch durch das neue Recht gleichzeitig eingeschränkt. Verfügt der Pflichtige nämlich über kein Einkommen, das ausreicht, um alle Unterhaltsansprüche zu bezahlen, ordnet das Gesetz eine strenge Reihenfolge an, in der Unterhaltsansprüche abzugelten sind. Man nennt dies Rangverhältnisse, deren wichtigste wie folgt geordnet sind:

Rang-
verhältnis der
Ansprüche

1. Minderjährige und privilegierte Kinder
2. Elternteile, die wegen Kindesbetreuung unterhaltsberechtigt sind (oder im Falle einer Scheidung wären), und weiterhin Ehegatten und geschiedene Ehegatten bei langer Dauer der Ehe
3. Ehegatten und geschiedene Ehegatten, die nicht im zweiten Rang sind

4. bis 7. andere

In der Praxis bedeutet dies, dass zunächst immer Kindesunterhalt in voller Höhe zu bezahlen ist. Verbleibt dann noch eine Verteilungsmasse, wird geprüft, ob ein Unterhaltsanspruch wegen Kindesbetreuung besteht. Beispielsweise geht durch diese Neuregelung die nichteheliche Mutter eines zweijährigen Kindes einer geschiedenen Ehefrau ohne Kinder vor, wenn die Ehe nicht von langer Dauer war (beispielsweise nur drei Jahre).

d) Die Höhe des Unterhaltes

Für die Höhe des Unterhaltsanspruches ist maßgeblich, wie die Lebenssituation der Mutter vor der Geburt beschaffen war.

Lebensbedarf Es ist also der individuelle Lebensbedarf der Mutter zu errechnen. Deshalb gibt es hierfür keine generelle Höhe, sondern es ist in jedem Einzelfall zu ermitteln, wie die finanzielle Situation der Mutter vor der Geburt des Kindes war.

Leistungs-
fähigkeit des
Vaters
Inwieweit dieser Anspruch dann in voller Höhe realisiert werden kann, hängt andererseits von der Leistungsfähigkeit des Vaters ab. Die Leistungsfähigkeit ergibt sich aus dem Nettoeinkommen des Vaters abzüglich diverser ab-

zugsfähiger Positionen. Zu den abzugsfähigen Positionen gehören neben Schulden selbstverständlich anderweitige Unterhaltsansprüche, beispielsweise der Ehefrau oder anderer minderjähriger Kinder, wie auch berufsbedingte Ausgaben.

Beachten Sie außerdem, dass der Unterhaltsanspruch in jedem Fall nicht höher sein kann als der Anspruch, den eine Ehefrau hätte.

Selbstverständlich steht es den Partnern einer nichtehelichen Lebensgemeinschaft frei, Unterhaltsansprüche vertraglich zu fixieren. Dies gilt insbesondere für die Dauer eventueller Unterhaltszahlungen im Falle der Trennung.

2.2 Folgen bei Trennung

Derjenige, der das Kind betreut, in der Regel die Mutter, hat die Möglichkeit, die vorstehend bezeichneten Unterhaltsansprüche gerichtlich einzuklagen. Dies gilt auch, wenn sich die Beziehung bereits vor der Geburt eines Kindes aufgelöst hat.

2.3 Regelungsbedarf und Checkliste

Selbst bei einer intakten nichtehelichen Lebensgemeinschaft sollte, sobald ein Kind zur Welt kommt, überlegt werden, wie der Unterhalt im Falle einer Trennung bestritten werden soll. Dann besteht nämlich die Möglichkeit, im Rahmen der gesetzlichen Spielräume individuelle Vereinbarungen zu treffen, durch die dann jeder langfristig Klarheit hat.

In Zusammenhang mit Kindern sollten Sie hierbei folgende Punkte beachten:

- Wer wird im Falle einer Trennung im Schwerpunkt das Kind betreuen?
- Entsteht hierdurch eventuell ein erheblicher finanzieller Nachteil für denjenigen, der das Kind betreut?
- Machen Sie sich klar, dass nach der Unterhaltsrechtreform in jedem Fall ein Anspruch für die Zeit von drei Jahren ab der Geburt im Raum steht, und überlegen Sie,

Unterhaltsregelungen für den Fall der Trennung

ob Sie vor diesem Hintergrund eine vertragliche Regelung wollen. Wenn ja, in welcher Höhe?

- Soll über den Zeitraum von drei Jahren hinaus in jedem Fall Unterhalt bezahlt werden, unabhängig von den derzeitigen Unklarheiten in Folge der Unterhaltsrechtreform? Wenn ja, wie lange?

- Erwägen Sie, ob der Unterhaltsanspruch bzw. der vereinbarte Unterhalt eventuell im Laufe der Zeit zurückgeschraubt wird, beispielsweise weil die Mutter nach drei Jahren wieder an ihren alten Arbeitsplatz zurückkehrt, diesen aber dann nur noch halbtags ausübt.

- Vereinbaren Sie in jedem Fall auch, unter welchen Voraussetzungen der durch den Vertrag Verpflichtete freigestellt wird.

- Übernehmen Sie nicht blind die Unterhaltssätze des allgemeinen Familienrechtes im Rahmen des Ehegattenunterhalts, da eventuell diese Maßstäbe nicht auf Ihre Lebenssituation passen.

3.   Der Unterhaltsanspruch der Kinder

3.1   Rechtliche Ausgangslage

!

**Unterhalts-
anspruch
gegen die
Eltern**

Gleichgültig, ob ein Kind aus einer nichtehelichen Lebensgemeinschaft oder aus einer Ehe stammt: Es steht ihm ein Unterhaltsanspruch gegen seine Eltern zu. Es finden die Regelungen des allgemeinen Verwandtenunterhaltes (§§ 1601 ff. BGB) Anwendung.

a) Allgemeine Voraussetzungen für den Unterhaltsanspruch

Allgemeine Voraussetzung für einen Unterhaltsanspruch in Geld ist zum einen die Bedürftigkeit des Kindes und zum anderen die Leistungsfähigkeit des in Anspruch genommenen Elternteiles.

In diesem Zusammenhang ist zu beachten, dass der Unterhalt für ein Kind in zwei verschiedenen Formen erbracht werden kann:

Zum einen wird vom Naturalunterhalt gesprochen. Diesen **Natural-**
erbringt derjenige, der ein minderjähriges Kind betreut. **unterhalt**

Daneben gibt es den Barunterhalt. Dies bedeutet, dass die **Barunterhalt**
Unterhaltsverpflichtung durch die Zahlung von Geld er-
bracht wird. Nachfolgend wird nur auf diesen Barunterhalt
abgestellt.

b) Zahlungsanspruch, Düsseldorfer Tabelle

Sofern das Kind nicht von dem in Anspruch genommenen
Elternteil betreut wird, steht ihm ein bezifferbarer Zahlungsanspruch auf Unterhalt gegen diesen Elternteil zu.

Dieser Zahlungsanspruch ist als Schema in der sogenannten
Düsseldorfer Tabelle erfasst, wobei die Tabellen konkrete
Zahlbeträge angeben. Diese Unterhaltsbeträge werden regel-
mäßig angepasst. Einen Auszug der aktuellen Düsseldorfer
Tabelle finden Sie im Anhang ab Seite 197 abgedruckt.

Erliegen Sie nicht dem Trugschluss, einen Unterhaltsanspruch »einfach« aus diesen Tabellen ablesen zu können.
Die Berechnung dieses Anspruchs ist im Einzelnen sehr
kompliziert; im Nachfolgenden wird ein sehr verkürzter
Überblick gegeben.

c) Die Höhe des Unterhalts – Berechnungskriterien

Für die Ermittlung der Höhe von Kindesunterhalt sind verschiedene Kriterien maßgeblich, die nur in ihrer Kombination zur Ermittlung des Unterhaltsanspruchs eines Kindes
heranzuziehen sind.

aa) Einkommen des Verpflichteten

Wichtigstes Kriterium für die Höhe des Unterhaltsan- **Das Gesamt-**
spruchs ist das Gesamteinkommen des Unterhaltsverpflich- **einkommen**
teten. Hierzu zählen nicht nur Einkünfte aus Erwerbstätigkeit, sondern auch aus anderen Quellen wie beispielsweise
Vermietungen. Es wäre jedoch ein Trugschluss zu glauben, dass beim Erwerbseinkommen das tatsächlich ausbe-
zahlte Nettoeinkommen bzw. der tatsächlich erwirtschaftete unternehmerische Gewinn Bemessungsmaßstab wäre.

Abzugs-
positionen
Vielmehr sind von einem zunächst gegebenen Nettoeinkommen diverse Ausgaben bzw. Zahlungspflichten des Unterhaltsverpflichteten in Abzug zu bringen. Zunächst sind die berufsbedingten Aufwendungen in Abzug zu bringen. Diese können entweder konkret berechnet werden, müssen aber dann nachgewiesen werden (zum Beispiel Fahrtkosten).

Daneben besteht für den Unterhaltsverpflichteten die Möglichkeit, einen pauschalen Abzug von fünf Prozent des Nettoeinkommens für die berufsbedingten Aufwendungen in Abzug zu bringen. Weiterhin können auch Schulden unter bestimmten Voraussetzungen vom Einkommen abgezogen werden. Das so ermittelte Einkommen, nach dem sich die Unterhaltsansprüche richten, nennt man bereinigtes Nettoeinkommen.

 Im Einzelnen besteht eine umfangreiche Rechtssprechung zu der Frage, welche Positionen zur Ermittlung des für den Unterhaltsanspruch maßgeblichen Einkommens herangezogen werden können oder nicht, sodass zur Berechnung fachlicher Rat eingeholt werden sollte.

bb) Zahl der Unterhaltsberechtigten

Daneben spielt eine Rolle, wie vielen Personen, außer dem anspruchberechtigten Kind, der Verpflichtete auch noch Unterhalt schuldet. Es geht also auch um die Zahl der Unterhaltsberechtigten.

In der Düsseldorfer Tabelle wird bei der Eingruppierung des Unterhaltsanspruchs nämlich davon ausgegangen, dass der Verpflichtete für einen Ehegatten und insgesamt zwei Kinder unterhaltspflichtig ist.

Sollte die Zahl der unterhaltsberechtigten Personen höher oder niedriger liegen, kann eine höhere oder niedrigere Einstufung in der Düsseldorfer Tabelle vorgenommen werden.

cc)   Lebensalter des Kindes

Weiterer Faktor in der Unterhaltsbemessung ist das Le-   **Altersgruppen**
bensalter des Kindes.

Es wird grundsätzlich zwischen vier Altersgruppen unterschieden:

Altersgruppe 0 bis vollendetes 5. Lebensjahr, 6. bis 11. Lebensjahr, 12. bis 17. Lebensjahr und dann der Unterhaltsanspruch ab dem 18. Lebensjahr.

Aus diesen drei Faktoren (Einkommen des Verpflichteten,
Anzahl der Unterhaltsberechtigten Personen und Alter des
Kindes) ermittelt sich dann der Unterhaltsanspruch des
Kindes.

dd)   Selbstbehalt

Ein weiterer Faktor, der zu berücksichtigen ist, ist der so-   **Mindest-**
genannte Selbstbehalt. Weil gleichzeitig die Unterhalts-   **einkommen**
pflichten nicht dazu führen dürfen, dass ein bestimmtes   **des**
Mindesteinkommen unterschritten wird, findet eine Ge-   **Verpflichteten**
genrechnung statt: Dem Zahlungspflichtigen muss ein be-
stimmter garantierter Mindestbetrag seines Einkommens
nach Abzug aller Unterhaltspflichten verbleiben. Dies ist
der Selbstbehalt.

Auch dieser Betrag hängt von verschiedenen Faktoren ab,
wie beispielsweise dem berücksichtigungsfähigen Nettoeinkommen des Verpflichteten oder dem Aspekt, wem
Unterhalt geschuldet wird. Gegenüber einem minderjährigen Kind beträgt der Selbstbehalt eines Erwerbstätigen
zum Beispiel 900 Euro. Je höher das Nettoeinkommen ist,
desto höher ist auch dieser Betrag, der beim Verpflichteten verbleiben muss. Wird der Betrag unterschritten, kann
sich eine Korrektur des Unterhaltsbetrages ergeben.

ee) Wie der Unterhalt in eine Formel gefasst werden kann

Das unterhaltsberechtigte Kind hat entsprechend der Düsseldorfer Tabelle einen konkret bezifferbaren Anspruch. Dieser Anspruch kann aber auch in einer abstrakten Formel mit Hilfe von Prozentzahlen ausgedrückt werden:

Regelbetrags-verordnung

Steuerlicher Freibetrag

Früher gab es hierfür die Regelbetragsverordnung, die mit Wirkung zum 1.1.2008 abgeschafft wurde. Nunmehr wird an eine steuerliche Bezugsgröße angeknüpft. Dieses ist der doppelte Freibetrag für das sächliche Existenzminimum des Kindes (derzeit jährlich 3648 Euro, also 304 Euro je Monat).

Etwaige Unterschreitungen der Beträge aus der Düsseldorfer Tabelle hat der Gesetzgeber durch weitere Vorschriften geregelt. In einer Klage kann der Kindesunterhalt als Prozentsatz dieses Mindestunterhaltes beschrieben werden, statt einen konkreten Betrag zu benennen. Diese kompliziert klingende Beschreibung des Unterhaltsanspruchs

hat einen großen Vorteil: Wenn der Unterhaltsanspruch des Kindes als konkreter Zahlbetrag ausgedrückt ist, erhöht sich dieser Anspruch nicht automatisch. Wenn aber der Unterhaltsanspruch als Prozentzahl ausgedrückt ist, erhöht sich der Zahlungsanspruch automatisch mit jeder Erhöhung der gesetzlich vorgesehenen Beträge

d) Berücksichtigung des Kindergeldes

Im Übrigen ist noch das Kindergeld zu berücksichtigen. Von dem Zahlungsanspruch, der sich aus den Unterhaltstabellen ablesen lässt, ist dieses abzuziehen.

Hälftiger Abzug

Nach der Unterhaltsrechtreform muss das Kindergeld entgegen der früheren Rechtslage immer zur Hälfte vom Unterhaltsanspruch des berechtigten minderjährigen Kindes in Abzug gebracht werden; bei einem Volljährigen Kind sogar in voller Höhe. Durch das Kindergeld wird somit der errechnete Unterhaltsbetrag reduziert.

e) Berücksichtigung von Kindeseinkommen

Sollte das Kind über ein eigenes Einkommen verfügen, beispielsweise im Rahmen einer Berufsausbildung, wird ein bestimmter Teil dieses Einkommens auf den an sich gegebenen Unterhaltsanspruch angerechnet.

Gerade bei Kindern in der Berufsausbildung ist es deshalb vorstellbar, dass bereits mit Aufnahme der Berufsausbildung der Unterhaltsanspruch gegen den unterhaltsverpflichteten Elternteil entfällt.

f) Volljährigkeit des unterhaltsberechtigten Kindes

Sobald ein Kind die Volljährigkeit erreicht hat, entsteht automatisch eine neue Struktur des Unterhaltsanspruches.

Derjenige Elternteil, der bislang von einer direkten Zahlungspflicht ausgenommen war, weil er durch Versorgung des Kindes den Naturalunterhalt gestellt hat, wird nunmehr auch finanziell in die Pflicht genommen. Das volljährige Kind bedarf keiner Betreuung mehr. Es ist eben volljährig. **Beide Eltern haften**

In diesen Fällen wird der Unterhaltsanspruch des Kindes »gequotelt«. Dies bedeutet, dass der Unterhaltsanspruch künftig gegen beide Eltern geltend zu machen ist, da nunmehr auch derjenige in die Pflicht genommen wird, der bislang Naturalunterhalt gewährt hat.

g) Mehrere Anspruchsberechtigte in Konkurrenz

Bei mehreren Kindern sind alle minderjährigen Kinder im Hinblick auf ihren Unterhaltsanspruch als gleichrangig anzusehen.

Wichtig: Durch die Reform des Unterhaltrechtes ist der Unterhalt der minderjährigen Kinder vorrangig. Somit kommt der Unterhalt für eine betreuende Mutter oder (geschiedene) Ehefrau immer nur dann in Betracht, wenn zunächst sämtliche Kindesunterhaltsansprüche abgedeckt sind.

Mangelfall Dennoch kann in der Praxis ein sogenannter Mangelfall vorliegen, das heißt, es werden so viele Unterhaltsansprüche für Kinder gegen den Unterhaltsverpflichteten gestellt, dass er diese immer nur teilweise erfüllen kann und nicht in gesetzlicher Höhe. In diesem Fall sind die Unterhaltsansprüche aller minderjährigen Kinder in gleichem Umfang zu kürzen. Ein nichteheliches Kind wird also in keiner Weise benachteiligt.

h) Rechtliche Durchsetzung des Unterhaltsanspruchs

Damit der Unterhaltsanspruch notfalls im Wege der Zwangsvollstreckung durchgesetzt werden kann, benötigt das berechtigte Kind einen Titel. Hierunter versteht man eine Urkunde, in der ein bestimmter Zahlungsanspruch von einer amtlichen Stelle, ein Gericht oder das Jugendamt, in seinem Bestand und seiner Höhe bestätigt wird.

Vereinfachtes Verfahren Es besteht grundsätzlich die Möglichkeit, eine solche Urkunde im sogenannten vereinfachten Verfahren vor dem Jugendamt zu errichten. Dies bedeutet, dass der unterhaltsverpflichtete Elternteil das Jugendamt aufsucht und den sich aus der Berechnung seines Einkommens ergebenden Unterhaltsanspruch des Kindes anerkennt. Es wird dann eine Jugendamtsurkunde geschaffen. Mit Hilfe dieser Urkunde könnte, sollte der Unterhaltsverpflichtete seiner Verpflichtung nicht nachkommen, die Zwangsvollstreckung betrieben werden.

Daneben gibt es die Möglichkeit des gerichtlichen Austrages. Auch durch ein Gerichtsurteil kann der Unterhalt dem Grund und der Höhe nach festgestellt werden.

Abänderung des Anspruchs Beachten Sie, dass ein einmal festgestellter Unterhalt, auch wenn dies in einer Jugendamtsurkunde geschehen wäre, unter bestimmten Voraussetzungen abgeändert werden kann. Das Abänderungsrecht besteht dabei sowohl für den Verpflichteten als auch für den Berechtigten. Abänderungsgründe sind beispielsweise die Geburt eines weiteren Kindes auf Seiten des Verpflichteten oder die Kenntnisnahme des Berechtigten, dass der Verpflichtete ein deutlich höheres Einkommen zur Verfügung hat. Aber auch Einkommensverschlechterungen des Verpflichteten können eine Abänderung begründen.

i) Gesetzliche Hilfe durch Auskunftsansprüche

Zur Errechnung des Unterhaltsanspruchs bzw. dessen Höhe steht dem Kind bzw. dem sorgeberechtigten Elternteil im Übrigen in regelmäßigen zeitlichen Abständen ein Auskunftsanspruch zu. Diesem Auskunftsanspruch, der notfalls auch eingeklagt werden kann, muss derjenige folgen, der auf Unterhalt in Anspruch genommen wird. Im Rahmen dieses Unterhaltsanspruches kann er auch verpflichtet werden, sämtliche Unterlagen vorzulegen, die für sein Einkommen bzw. die ihm zur Verfügung stehenden Gelder maßgeblich sind.

Regelmäßige Auskunft

3.2 Folgen

Gerade im Falle einer Trennung ist das nichteheliche Kind in keiner Weise schutzlos. Es hat alle Rechte und Privilegien, die auch ein eheliches Kind gegen den Unterhaltsschuldner hat.

Auch bei bestehender Beziehung kann bereits im beschriebenen vereinfachten Verfahren eine Unterhaltsurkunde geschaffen werden. In diesem Falle besteht Rechtssicherheit darüber, dass der Anspruch des Kindes auch im Trennungsfalle bereits tituliert ist. Die Beteiligten können sich damit darauf einstellen, welche rechtlichen Folgen sich im Bereich des Unterhaltes konkret im Falle einer Trennung ergeben.

3.3 Anregungen

Eine individuelle vertragliche Regelung von Unterhaltsansprüchen der Kinder ist wenig sinnvoll.

Das Unterhaltsrecht bietet dem minderjährigen Kind ausreichend Möglichkeiten, Unterhaltsansprüche zu realisieren. Neben dem laufenden Unterhalt bestehen gesonderte

Zusätzliche Unterhaltsansprüche bei regelmäßigem Mehrbedarf oder
Ansprüche bei Sonderbedarf beispielsweise durch Klassenfahrten,
Kommunion und Konfirmation oder Nachhilfeunterricht.
Ob diese Anspruchsgrundlagen dem Kind nützen, hängt
letztendlich davon ab, ob der in Anspruch Genommene
leistungsfähig ist oder nicht.

Da auch eine Jugendamtsurkunde durch ein Abänderungs-
verfahren veränderten Umständen angepasst werden kann,
sollte sich derjenige, der im Falle einer Trennung finanziell unterhaltsverpflichtet ist, nicht scheuen, eine solche
Urkunde zu errichten.

 Im Übrigen wird noch darauf hingewiesen, dass ein Verzicht auf Kindesunterhalt rechtlich unzulässig ist. Deshalb
kann es keine Vereinbarung geben, in der die Mutter gegenüber dem Vater, oder auch umgekehrt, auf den Unterhalt für das Kind verzichtet.

Kapitel 5
Erben und Vererben

1. Was Sie über das Erbrecht wissen müssen

1.1 Die gesetzliche Erbfolge

Jede Person ist in eine Vielzahl rechtlicher Beziehungen eingeflochten. Dazu gehören sämtliche Eigentumsverhältnisse an Gegenständen, wie Hausrat, Fahrzeuge oder Immobilien, ebenso wie eine Vielzahl vertraglicher Beziehungen, wie Mietverträge, Darlehensverträge oder Versicherungsverträge.

Stirbt eine Person, würde hierdurch eine Art Vakuum entstehen. Ein solches Vakuum, das eine nicht abschätzbare Rechtsunsicherheit nach sich ziehen würde, wird durch den Gesetzgeber verhindert.

Durch das Gesetz ist das Prinzip der »gesetzlichen Erbfolge« verankert. Wenn eine Person ohne ein Testament verstirbt, wird durch das Gesetz angeordnet, welche Personen in welcher Reihenfolge als rechtliche Nachfolger der verstorbenen Person, somit ihre gesetzlichen Erben, nachfolgen.

Stirbt also eine Person, rücken in der nächsten logischen Sekunde, ohne dass es hierfür irgendeiner Tätigkeit bedürfte, die gesetzlichen Erben automatisch und kraft Gesetzes in alle Rechte und Pflichten der verstorbenen Person, des sogenannten Erblassers, nach.

a) Personenkreis der gesetzlichen Erben

Der Personenkreis und die Reihenfolge dieser gesetzlichen Erben sind im Bürgerlichen Gesetzbuch genau geregelt. Vorrangig folgen die Ehegatten und die leiblichen/adoptierten Kinder, sollten diese noch leben, dem Erblasser nach. Für den Fall, dass eines der Kinder bereits vor-

Gesetzliche
Festlegung

verstorben sein sollte, folgen ersatzweise dessen eigene Kinder als gesetzliche Erben nach.

Wenn es weder Ehegatten noch eigene Kinder bzw. Enkelkinder gibt, sind die Eltern des Erblassers als gesetzliche Erben vorgesehen. Sofern auch diese bereits verstorben sind, folgen zunächst die Geschwister des Erblassers und, wenn es keine Geschwister gibt, in einer genau festgelegten Reihenfolge andere Verwandte nach.

 Hierbei ist zu beachten, dass grundsätzlich nur Blutsverwandte als gesetzliche Erben in Betracht kommen.

Für Partner einer nichtehelichen Lebensgemeinschaft hat dies zwei weitreichende Folgen.

- Die Partner selbst haben keine wechselseitigen gesetzlichen Erbansprüche. Wenn es keine gemeinsamen Kinder gibt, erben immer die Verwandten des Verstorbenen.

- Sofern gemeinsame Kinder da sind, erben diese automatisch – der Partner jedoch auch in dieser Variante nicht.

b) Erbquoten – In welchem Umfang wird geerbt?

Neben der Frage, wer zum Erben berufen ist, regelt das Gesetz auch, in welchem Umfang die gesetzlichen Erben am Nachlass beteiligt werden. Man spricht von Erbquoten.

Beispiel

> Eine Person verstirbt und hinterlässt drei Kinder: Jedes Kind erhält eine Quote von einem Drittel vom gesamten Nachlass.

Ehegatten Anders stellt sich die Situation dar, wenn ein Ehegatte noch lebt. Dies ist eine Konstellation, die es auch bei einer nichtehelichen Lebensgemeinschaft geben kann, wenn nämlich einer der Partner noch verheiratet ist. Unabhängig vom Güterstand der Eheleute erbt der Ehegatte stets ein Viertel. Der übrige Nachlass, damit also drei Viertel des Nachlasses, werden zu jeweils gleichen Quoten dann an weitere gesetzliche Erben verteilt.

Eine Besonderheit besteht allerdings in der sogenannten **Zugewinn-**
Zugewinngemeinschaft. Ehegatten, die keinen Ehevertrag **gemeinschaft**
abgeschlossen haben, leben im Güterstand der Zugewinngemeinschaft. In dieser Konstellation erhält der Ehegatte
zunächst grundsätzlich eine Quote von einem Viertel. Darüber hinaus billigt ihm der Gesetzgeber jedoch noch ein
weiteres Viertel als sogenannten pauschalen Zugewinn-
ausgleich zu.

Dies führt im Ergebnis dazu, dass im Fall der Zugewinngemeinschaft der länger lebende Ehegatte insgesamt eine
Erbquote von ein halb hat. Der übrige Nachlass wird dann
zu gleichen Teilen an die weiteren gleichrangigen gesetzlichen Erben, nämlich die Kinder bzw., sollte ein Kind
vorverstorben sein, an die Enkelkinder verteilt.

> **Beispiel**
>
> Der Erblasser hinterlässt einen Ehegatten und zwei Kin-
> der aus einer nichtehelichen Lebensgemeinschaft: Der
> Ehegatte erhält die Hälfte und jedes der beiden Kinder
> von der verbliebenen Hälfte des Nachlasses ebenfalls
> die Hälfte, somit also ein Viertel. Der Partner der nicht-
> ehelichen Lebensgemeinschaft erhält nichts.

Im Güterstand der sogenannten Gütertrennung erhält **Güter-**
der länger lebende Ehegatte ebenfalls eine Erbquote von **trennung**
einem Viertel. Gleichzeitig sieht der Gesetzgeber aber vor,
dass die Kinder nicht mehr erhalten dürfen als der länger
lebende Ehegatte. Dies kann die Erbquote verändern.

> **Beispiel**
>
> Der Erblasser hinterlässt einen Ehegatten und zwei
> Kinder: Hieraus folgt zunächst, dass der Ehegatte ein
> Viertel erhält und der übrige Nachlass von drei Vierteln
> auf die beiden Kinder verteilt wird.

Damit würde den Kindern ein Erbteil zufließen, das größer ist als die Erbquote des länger lebenden Ehegatten.
Deshalb sieht das Gesetz vor, dass bei Gütertrennung von
der Grundsatzquote des Ehegatten (ein Viertel) insoweit

abzuweichen ist, als dass die Kinder keine größere Erb-quote als der Ehegatte erhalten dürfen.

Im Fallbeispiel würde dies dazu führen, dass sowohl der Ehegatte als auch jedes Kind ein Drittel vom Nachlass erhält. Ist nur ein Kind vorhanden, erhält der Ehegatte automatisch die Hälfte und das Kind die andere Hälfte. Erst ab drei Kindern verbleibt es bei der gesetzlichen Erbquote von einem Viertel.

Insofern ist für die Frage, welche Quote die gesetzlichen Erben am Nachlass erhalten, also stets maßgeblich, ob ein Ehegatte noch lebt oder nicht.

Tipp

Eine detaillierte Darstellung zum Erbrecht finden Sie im ARD-Ratgeber Recht »Nachlassplanung«.

c) Gesamtrechtsnachfolge und Liquidations-gemeinschaft

Keine Zu-ordnung der Gegenstände

Wichtig ist, dass das Gesetz lediglich Erbquoten festsetzt. Durch die Regelungen des Bürgerlichen Gesetzbuchs wird zwar genau festgelegt, welche Personen in alle Rechte und Pflichten des Erblassers mit welcher Quote nachfolgen, jedoch ist keine Zuordnung der Vermögensgegenstände gegeben. Das gilt außerdem auch dann, wenn eine Person durch ein Testament lediglich festlegt, wer erben soll, ohne Vermögensgegenstände weiter zuzuordnen. Deshalb ist dieser Grundsatz auch für die nichteheliche Lebensge-meinschaft wichtig.

Beispiel

Gehört einer Person ein Auto und es sind vier Erben vorhanden, wäre es falsch zu glauben, dass nunmehr jeder Erbe Anspruch auf einen der Reifen habe.

Aus den Regelungen des Gesetzes folgt, dass jeder der Erben mit einer Quote von einem Viertel an dem Fahrzeug Eigentümer geworden ist, ohne dass dieses Eigentum in irgendeiner Form gegenständlich auf das Fahrzeug bezogen werden könnte.

Die Erbquote ist damit lediglich die Festlegung der wertmäßigen Beteiligung der jeweiligen Erben an dem Nachlassvermögen. Dies gilt für *alle* Vermögensgegenstände, die eine Person hinterlässt. Es entsteht kraft Gesetzes die sogenannte Erbengemeinschaft, die eine *Gesamthandsgemeinschaft* ist. Damit ist die vorstehend beschriebene Situation gemeint.

Erbquote ist nur Beteiligungsquote

Um beim Beispiel des Fahrzeuges zu bleiben:

Das Fahrzeug wird zu einem Gegenstand, der in den Händen aller Personen ist, die zur Erbengemeinschaft zählen, weshalb man von einem Gesamthandsvermögen spricht. Das Fahrzeug gehört allen Erben zur »gesamten Hand«, weshalb die Erben auch nur gemeinsam über diesen Gegenstand verfügen können, indem sie ihn zum Beispiel durch einen Verkauf aus den Händen geben. Ein einzelner Erbe kann *niemals* über einen Nachlassgegenstand verfügen.

Es ist offenkundig, dass diese Form von Eigentum keinem der Beteiligten wirklich Freude bereitet. Dies gilt insbesondere auch im Bereich von Immobilien. Die Mitglieder einer Erbengemeinschaft werden deshalb stets versuchen, so schnell wie möglich eine Aufteilung der Vermögensgegenstände vorzunehmen, also als Erbengemeinschaft auseinanderzukommen. Der Nachlass muss aufgeteilt, somit liquidiert werden. Und: Dies gilt auch, wenn der Verstorbene nur Miteigentümer war – sein Anteil gehört der Erbengemeinschaft.

Selbstverständlich gibt es noch weitere Gestaltungsmöglichkeiten im Rahmen erbrechtlicher Regelungen. Eine detaillierte Darstellung finden Sie im ARD-Ratgeber Recht »Nachlassplanung«.

1.2 Testierfreiheit

Die vom Gesetzgeber vorgesehene Reihenfolge der gesetzlichen Erben tritt jedoch nur ein, wenn eine Person ohne Testament verstirbt. Somit ist die gesetzliche Erbfolge einer »Pannenhilfe« vergleichbar, um im Ablauf des alltäglichen Rechtsverkehrs nicht nur Unsicherheiten zu vermeiden, sondern auch zu verhindern, dass im Falle des Versterbens das Vermögen quasi wie ein Unfall den Rechtsverkehr verstopft. Denn grundsätzlich steht es jeder Person frei, durch eine eigene letztwillige Verfügung, in der Regel ein Testament, festzulegen, welche Personen in ihre Rechten und Pflichten nachfolgen.

 Beachten Sie, dass auch bei der Einsetzung von bestimmten Erben im Testament die vorstehenden Grundsätze der Gesamthandsgemeinschaft gelten, wenn das Testament keine weiteren Anordnungen trifft. Es steht aber jeder Person frei, durch ihre letztwillige Verfügung mehr oder weniger detailliert zu regeln, welche Person welche Vermögensgegenstände erhalten soll.

1.3 Pflichtteilsrecht und Pflichtteilsergänzungsansprüche

Fallbeispiel

Faustus und seine Freundin Gretha haben eine lange glückliche nichteheliche Lebensgemeinschaft geführt.

In seiner Jugend war Faustus bereits verheiratet, jedoch hat er sich von seiner Frau scheiden lassen. Zu den beiden Söhnen aus seiner früheren Ehe, Johann und Wolfgang, hat er einen guten Kontakt.

Als Faustus bei der Montage der neuen Deckenlampe, um mehr Licht im Wohnzimmer zu erhalten, vom Schlag getroffen wird, erleben die beiden Söhne bei der Testamentseröffnung eine böse Überraschung. Alleinige Erbin des gesamten Vermögens mit einem Wert von 200.000 Euro ist Gretha.

Kurze Zeit später erhält Gretha von Johanns Anwalt Mephistoteles einen Brief, mit dem sie zunächst zur Zahlung des Pflichtteiles aufgefordert wird. Außerdem beansprucht Johann noch wegen der Schenkung einer

> Immobilie an Gretha vor fünf Jahren mit einem Wert
> von ebenfalls 200.000 Euro einen weiteren Geldbe-
> trag. Insgesamt verlangt Johann 100.000 Euro.
> Gretha ist verzweifelt, da sie über keine gute Altersvor-
> sorge verfügt und insofern dringend auf die finanziellen
> Mittel, die Faustus hinterlassen hat, angewiesen ist.

a) Pflichtteil

Die Testierfreiheit wird durch das Pflichtteilsrecht begrenzt. Hierunter versteht man, dass zwar einerseits jede
Person verfügen kann, dass ihr Vermögen beispielsweise
einem Verein zugewandt werden kann, andererseits jedoch eine bestimmte Quote des Vermögens innerhalb der
Familie verbleiben muss. Diese Quote, mit der bestimmte
Personen per Gesetz am Vermögen zu beteiligen sind, ist
der sogenannte Pflichtteil.

Pflichtteilsberechtigte Personen sind der länger lebende **Pflichtteils-**
Ehegatte, die leiblichen Abkömmlinge (ersatzweise deren **berechtigte**
Kinder) und gegebenenfalls die Eltern des Erblassers. Andere Personen gehören nicht zum Kreis der Pflichtteilsberechtigten, also auch nicht der Partner einer nichtehelichen
Lebensgemeinschaft. Wohl aber die Kinder aus einer solchen Beziehung

Die Höhe des Pflichtteilsanspruchs richtet sich nach dem
oben dargestellten gesetzlichen Erbteil. Der Pflichtteilsanspruch ist jeweils die Hälfte dieses gesetzlichen Erbteiles.

> Verstirbt eine Person, die einen nichtehelichen Part- **Beispiel**
> ner als alleinigen Erben eingesetzt hat und außerdem
> drei Kinder hinterlässt, wäre die normale Erbquote der
> Kinder ein Drittel am Nachlass. Für den Pflichtteilsan-
> spruch der Kinder muss der normale gesetzliche Erb-
> teil halbiert werden. Der Pflichtteil für jedes Kind be-
> läuft sich damit auf jeweils ein Sechstel am Nachlass.

Im obigen Fallbeispiel sind mangels eines Ehegatten die beiden Söhne Johann und Wolfgang die gesetzlichen Erben. Ihre Erbquote beläuft sich auf jeweils ein halb des Nachlasses. Damit ergibt sich ein Pflichtteilsanspruch von einem Viertel des Nachlasswertes, da der Pflichtteilsanspruch die Hälfte des gesetzlichen Erbteiles ist. Wertmäßig bedeutet dies im Fallbeispiel einen Betrag von 50.000 Euro zugunsten von Johann.

Pflichtteil ist Zahlungsanspruch Wichtig ist, dass der Pflichtteilsanspruch ein reiner Zahlungsanspruch ist, der *sofort* im Erbfall zur Zahlung fällig wird. Somit kann im Fallbeispiel Johann sofort die Bezahlung von 50.000 Euro verlangen.

 Um den Pflichtteilsanspruch exakt berechnen zu können, muss grundsätzlich eine Wertermittlung des Nachlasses, gegebenenfalls durch Sachverständigengutachten im Bereich von Immobilien, Antiquitäten oder Kunstgegenständen, vorgenommen werden. Hieraus errechnet sich dann die Höhe des Pflichtteilsanspruchs als Zahlungsanspruch.

b) Pflichtteilsergänzung

Berechtigte Der Pflichtteilsanspruch wird ergänzt um den sogenannten Pflichtteilsergänzungsanspruch. Auch dieser steht nur den Personen zu, die durch das Gesetz Pflichtteilsberechtigte sind, wiederum also nicht dem Partner einer nichtehelichen Lebensgemeinschaft. Dennoch ist auch dieses Thema für die nichteheliche Lebensgemeinschaft bedeutsam.

Wenn eine Person zu ihren Lebzeiten Vermögensgegenstände verschenkt, verringert sich automatisch ihr Vermögen und damit auch die Erbmasse. Dies bedeutet aber auch, dass sich für die Personen, die pflichtteilsberechtigt sind, ihr Anspruch verringert.

Schenkung zu Lebezeiten Da durch Schenkungen zu Lebzeiten selbstverständlich Pflichtteilsansprüche bewusst reduziert werden können, sieht der Gesetzgeber deshalb vor, dass alle Gegenstände, die eine Person zu Lebzeiten verschenkt hat, hinsichtlich der Pflichtteilsberechtigten zu berücksichtigen sind, wenn zwischen der Schenkung und dem Zeitpunkt des Versterbens eine Frist von zehn Jahren noch nicht abgelaufen ist. **Frist**

Im Fallbeispiel hat Faustus eine Immobilie im Wert von 200.000 Euro fünf Jahre vor dem Erbfall an Gretha verschenkt. Somit unterliegt dieser Vermögenswert dem sogenannten Pflichtteilsergänzungsanspruch. Damit steht Johann eine Pflichtteilsquote von einem Viertel zu. Diese bezieht sich zunächst auf den tatsächlich vorhandenen Nachlasswert von 200.000 Euro.

Das Kind hat also einen Zahlungsanspruch von 50.000 Euro. In einem zweiten Schritt wird dann die verschenkte Immobilie mit einem Verkehrswert von 200.000 Euro fiktiv zum Nachlass dazugerechnet, das heißt, der reale Nachlass wird ergänzt. Wäre die Immobilie nämlich noch vorhanden, wäre das Nachlassvermögen größer und damit auch der Pflichtteil. Deshalb wird der auf den Realnachlass bezogene Pflichtteilsanspruch ebenfalls ergänzt. **Berechnung**

Im Fallbeispiel wird also der reale Nachlass um einen Beitrag von weiteren 200.000 Euro ergänzt. Das betroffene Kind, hier Wolfgang, hat bezogen hierauf den Pflichtteilsergänzungsanspruch mit derselben Pflichtteilsquote von einem Viertel, so dass das Kind einen weiteren Zahlungsanspruch von nochmals 50.000 Euro hat. Auch dieser Zahlungsanspruch ist sofort fällig.

Im Fallbeispiel addieren sich damit Pflichtteilsanspruch von 50.000 Euro und Pflichtteilsergänzungsanspruch von nochmals 50.000 Euro auf insgesamt 100.000 Euro.

Solange Geldvermögen vorhanden ist, um solche Ansprüche zu bedienen, entstehen keine existenziellen Probleme. Problematisch werden Pflichtteils- und Pflichtteilsergänzungsansprüche immer dann, wenn das Vermögen im Wesentlichen aus Immobilien besteht, da dann die Barmittel des Nachlasses oftmals nicht ausreichen, um Pflichtteils- und vielleicht sogar noch Pflichtteilsergänzungsansprüche zu bedienen.

Erben können sich deshalb in Folge dieser beiden Ansprüche oftmals existenziell bedrohlichen Zahlungsansprüchen ausgesetzt sehen!

Im Hinblick auf das Konfliktpotential innerhalb von Familien ist deutlich, dass Pflichtteilsrecht und Pflichtteilsergänzungsrecht einer Abseitsfalle unliebsamer Familienangehöriger vergleichbar sind, die verhindern, dass das Vermögen unbehindert dorthin fließt, wo es nach dem Willen des Erblassers ankommen soll. Das heißt, der Ball des Vermögens kann nicht so ins Tor gehen bzw. den Punkt bringen, den der Erblasser sich unter Umständen vorgestellt hat.

Gefahr bei Patchwork-Familie Im Rahmen einer nichtehelichen Lebensgemeinschaft müssen Sie dies immer dann beachten, wenn es pflichtteilsberechtigte Personen gibt und Sie Ihrem Partner beispielsweise für dessen Altersversorgung Vermögensgegenstände zuwenden wollen.

1.4 Gestaltungsmöglichkeiten im Testament

a) Pflichtteilsverzicht

Pflichtteils- und Pflichtteilsergänzungsansprüche sind ein Damoklesschwert, das im Erbfalle oft genug in den Nacken der eingesetzten Erben fällt, wie das Fallbeispiel zeigt.

Einzige Sicherheit für den Fall, dass pflichtteilsberechtigte Personen von der Erbfolge ausgeschlossen werden sollen, sind sogenannte Pflichtteilsverzichtverträge. Dies bedeutet, dass durch notarielle Erklärung eine Person auf die ihr zustehenden Pflichtteils- und Pflichtteilsergänzungsansprüche unwiderruflich verzichtet.

 Sofern solche Pflichtteils- und Pflichtteilsergänzungsverzichterklärungen vorliegen, haben Sie tatsächlich volle Testierfreiheit.

Sollten Ihre Eltern noch leben, wird dringend empfohlen, auch mit diesen über Pflichtteilsverzichtserklärungen zu reden. Hintergrund ist hierbei, dass in der Praxis die

Geltendmachung von Pflichtteils- oder Pflichtteilsergänzungsansprüchen nicht zwingend als charakterlicher Ma-
kel oder als Bösartigkeit qualifiziert werden kann. Bei Personen in wirtschaftlichen Notlagen kann die Realisierung
von Pflichtteilsansprüchen die finanzielle Rettung darstellen. Oftmals ist es deshalb keine emotionale Böswilligkeit,
sondern schlichter materieller Druck, der Personen veranlasst, Pflichtteilsrechte geltend zu machen.

Gleiches gilt für den Fall, dass Ihre Eltern beispielsweise
pflegebedürftig werden sollten und ein Betreuer Pflichtteilsansprüche realisiert, um zusätzlich liquide Mittel für
die Heimunterbringung etc. zu beschaffen. Im Hinblick
auf Ansprüche von Sozialhilfeträgern sollte deshalb auch
immer daran gedacht werden, dass in dem Fall, dass Sie
keine leiblichen Kinder haben, Ihre Eltern pflichtteilsberechtigte Personen sind.

b) Vermächtnis

Wenn Sie bestimmten Personen einzelne Gegenstände **Definition**
zuwenden wollen, können Sie dies in einem Vermächtnis niederschreiben. Durch ein Vermächtnis erhält der
Begünstigte einen Anspruch darauf, aus dem Erbe einen
bestimmten Gegenstand oder Geldbetrag zu erhalten. Er
wird aber nicht zum Erben.

Deshalb bietet sich das Vermächtnis für alle Zuwendungen **Vorteile**
an, die beispielsweise an wohltätige Einrichtungen gehen.
Oder wenn zwar Ihre Kinder und Ihr Partner erben sollen,
aber Ihre Schwester beispielsweise den Familienschmuck
bekommen soll. Ein weiterer Vorzug des Vermächtnisses
ist, dass Sie es auch einem Erben zukommen lassen können. Sie setzen etwa Ihren Partner und Ihre Kinder zum
Erben ein und bestimmen gleichzeitig, dass Ihr Partner ein
Wertpapierdepot als Vermächtnis erhält. Insofern ist das
Vermächtnis auch ein gutes Instrument, die Verteilung des
Vermögens zu steuern.

c) Teilungsanordnung

Selbstverständlich können sie in Ihrem Testament genau festlegen, wer was erhalten soll.

 Doch Vorsicht! Bei einer wertmäßigen Ungleichbehandlung der Erben können interne Ausgleichsansprüche entstehen: Deshalb ist eine gute Teilungsanordnung schwierig. Lassen Sie sich in jedem Fall beraten, um keinen Fehler zu machen.

d) Vorerbschaft und Nacherbschaft

Definition Weiterhin können Sie Ihr Vermögen auch so vererben, dass Sie direkt die Generationenfolge festlegen. Sie können Ihren Partner zunächst zum Vorerben bestimmen und gleichzeitig festlegen, dass Ihre Kinder Nacherben werden, wenn dieser verstirbt. Man nennt diese Konstruktion Vorerbschaft bzw. Nacherbschaft.

Stellung des Vorerben Hierdurch entsteht bei dem Vorerben ein Sondervermögen, in dessen Folge er starken Einschränkungen in der Verwendung des Vermögens unterliegt. Der Vorerbe ist als Treuhänder Ihres Vermögens zu sehen, dem im Prinzip nur die Erträge und Nutzungen zustehen. Sie können zwar die Position des Vorerben diesbezüglich teilweise verbessern, jedoch nicht alle Beschränkungen beseitigen.

Vorteil Gleichwohl bietet diese Konstruktion im Bereich des Pflichtteilsrechtes große Vorteile. Auch bei »Patchwork-Familien«, bei denen Kinder aus früheren Beziehungen in die Erbfolge einrücken könnten, kann so der Vermögenstransfer in der eigenen Familienlinie sichergestellt werden.

Beachten Sie bitte, dass hier nur ein kleiner Ausschnitt aller Gestaltungsmöglichkeiten vorgestellt wird, um Ihnen ein Gefühl für die Vielfalt der rechtlichen Optionen zu geben. Eine detaillierte Darstellung, die den Rahmen dieses Ratgebers sprengen würde, finden Sie im ARD-Ratgeber Recht »Nachlassplanung«.

2. Erbeinsetzung des Partners

2.1 Rechtliche Ausgangslage

Wenn Sie im Rahmen einer nichtehelichen Lebensgemeinschaft für Ihren Partner via Testament Vorsorge treffen wollen, müssen Sie zunächst die rechtlichen Gegebenheiten beachten.

Für den Fall, dass Sie ohne Testament versterben, steht Ihrem Partner kein Erbrecht zu. Ein Testament ist deshalb zwingend.

Weiterhin müssen Sie beachten, dass der Partner unter Umständen Pflichtteilsansprüchen und Pflichtteilsergänzungsansprüchen ausgesetzt sein kann.

Beachten Sie hierbei auch, dass für den Fall, dass einer der beiden Partner verheiratet sein sollte, durch die Trennung der Partner das Erbrecht des Ehegatten *nicht* beendet wird. Auch dies kann in der Praxis zu bösen Überraschungen führen.

2.2 Folgen

a) Testament

Um für den länger lebenden Partner einer nichtehelichen Lebensgemeinschaft vermögensrechtliche Vorsorge durch den Erbfall zu treffen, ist deshalb eine umfassende Regelung zwingend. Nur durch eine eigene letztwillige Verfügung oder anderweitige rechtliche Gestaltungen kann für den länger lebenden Partner erbrechtlich Vorsorge getroffen werden.

Unabdingbarkeit einer Regelung

Bedenken Sie, dass ein Testament keine Urkunde ist, die einmal errichtet wird und dann ein Leben lang hält. Ein Testament kann immer nur für bestimmte Lebenssituationen maßgeschneidert werden und muss gegebenenfalls im Laufe eines Lebens mehrfach geändert, angepasst oder ganz neu gefasst werden.

b) Lebensversicherung

Zuwendungen bzw. Bezugsrechte aus Lebensversicherungen sind erbrechtlich »außen vor«. Sollten Sie also eine Lebensversicherung zugunsten Ihres Partners abschließen, fließt dieses Vermögen, unabhängig vom Erbrecht, dem Partner zu. Insofern kann der Abschluss von Versicherungen in der Tat ein wesentlicher Baustein der Regelungen des Nachlasses bzw. der Vermögenszuordnung sein.

 Vor dem Hintergrund der dargestellten Pflichtteilsproblematik wird empfohlen, in jedem Falle fachlichen Rat in Anspruch zu nehmen, um eine stabile, Konflikte vermeidende und die Liquidität des Partners schützende Vermögensnachfolgeregelung zu finden.

c) Erbvertrag

Neben einem Testament steht Ihnen dabei auch die Möglichkeit offen, einen Erbvertrag abzuschließen. Im Prinzip können sämtliche Anordnungen, die Sie auch in einem Testament treffen, in Form eines Vertrages festgesetzt werden.

 Ein Erbvertrag ist bindend und begrenzt Ihre Testierfreiheit. Sie können ihn im Falle einer Trennung von Ihrem Partner nicht einfach widerrufen, indem Sie die Vertragsurkunde, die notariell zu beurkunden ist, zerreißen. Während ein Testament also jederzeit entweder durch schriftlichen Widerruf oder beispielsweise durch körperliche Zerstörung widerrufen werden kann, ist dies bei einem Erbvertrag nicht möglich.

Aufhebung des Erbvertrags regeln

Sie müssen deshalb, wenn Sie einen solchen Vertrag abschließen, in jedem Fall die Voraussetzungen, unter denen Sie den Vertrag aufheben können, genau regeln, ebenso wie alle formalen Voraussetzungen, damit diese Aufhebung des Vertrages, beispielsweise ein Rücktritt vom Vertrag wegen Wegfall der Geschäftsgrundlage (Ende der nichtehelichen Lebensgemeinschaft), erfolgen kann.

2.3 Checkliste

Die nachfolgende Checkliste soll Ihnen helfen, eine maß-
geschneiderte Gestaltung Ihrer letztwilligen Verfügung zu
finden:

- Haben Sie in der Vergangenheit testiert? Und passt dieses
  Testament noch heute?
- Gibt es pflichtteilsberechtigte Erben?
- Haben Sie in den vergangenen Jahren erhebliche Ver-
  mögensgegenstände verschenkt? (Hierzu gehören selbst-
  verständlich nicht die üblichen Schenkungen zu Geburts-
  tagen, Weihnachten, etc.) Und besteht die Gefahr von
  Pflichtteilsergänzungsansprüchen?
- Wie gut ist Ihr Partner aufgrund seiner eigenen Vermö-
  gensverhältnisse im Alter abgesichert?
- Bestehen bereits Versicherungen, die Ihren Partner be-
  günstigen?
- Welche Vermögensgegenstände sollen welchen Per-
  sonen zugewandt werden?
- Gibt es Personen, die Sie nicht als Erben einsetzen wol-
  len, obwohl sie plichtteilsberechtigt sind?
- Ist zu befürchten, dass diese Personen Pflichtteils- und
  Pflichtteilsergänzungsansprüche geltend machen? (Im
  Zweifel immer ja!)
- Bestehen ausreichend liquide Mittel, um Pflichtteilsan-
  sprüche im Zweifel zu bedienen?
- Ist der Abschluss von Pflichtteilsverzichtsverträgen denk-
  bar?

3. Erbrecht der Kinder

(Fallvariante zum Ausgangsfall)   Fallbeispiel

Johann hat von seinem Vater per Testament einen
Frankfurter Schrank im Wert von 20.000 Euro zugewandt bekommen. Gretha fragt ihren Anwalt Wagner
um Rat, ob Pflichtteilsansprüche durch diese Zuwendung nicht ausgeschlossen sind.

3.1 Rechtliche Ausgangslage

Pflichtteils-
recht

Sofern Sie mit Ihrem Partner gemeinsame Kinder haben bzw. Kinder aus früheren Beziehungen, sind diese automatisch Ihre gesetzlichen Erben. In dem Fall, dass Sie den Kindern keine Vermögenswerte zuwenden, steht diesen ein Pflichtteils- bzw. gegebenenfalls ein Pflichtteilsergänzungsanspruch zu. Sie können diese Pflichtteilsansprüche auch nicht dadurch verhindern, dass Sie Ihren Kindern einen gewissen Vermögenswert zuwenden.

Pflichtteils-
restanspruch

Hat eines Ihrer Kinder, wie im Fallbeispiel, ein Pflichtteilsanspruch von 50.000 Euro und Sie wenden ihm per letztwilliger Verfügung einen Vermögenswert zu, der unter diesem Pflichtteilsbetrag liegt, steht dem Kind ein sogenannter Pflichtteilsrestanspruch zu. Dies bedeutet, dass Ihre Kinder in jedem Falle immer mindestens ihren Pflichtteil erhalten müssen. Im Beispielfall hat Johann einen Anspruch von 50.000 Euro Pflichtteil. Durch die Zuwendung des Frankfurter Schrankes ist ihm ein Vermögenswert von lediglich 20.000 Euro zugeflossen, sodass er einen Pflichtteilsrestanspruch von 30.000 Euro geltend machen kann.

 Umgekehrt bedeutet dies jedoch, dass Ihre Kinder erbrechtlich, auch für den Fall, dass Sie kein Testament haben, in Folge der gesetzlichen Regelungen als Erben geschützt sind.

Demgegenüber sind Kinder Ihres Partners keine gesetzlichen Erben, sodass Sie, wenn Sie diesen Vermögenswerte zuwenden wollen, dies nur durch eine letztwillige Verfügung können.

3.2 Folgen

Für das Erbrecht Ihrer Kinder spielt es keine Rolle, ob Sie mit Ihrem Partner noch zusammenleben oder nicht.

Sie sollten jedoch immer überlegen, inwieweit Ihre Kinder im Fall Ihres Versterbens finanziell abgesichert sind, falls Sie diese Kinder absichern wollen, oder gerade nicht.

Eine Trennung ist ohne Folgen für die erbrechtlichen Ansprüche Ihrer Kinder.

3.3 Checkliste

Grundsätzlich wird auf die Checkliste auf Seite 119 ver-
wiesen. Bedenken Sie jedoch weitere Fragen:

- Sind Ihre gegebenenfalls minderjährigen Kinder finanziell ausreichend abgesichert?
- Inwieweit bedürfen erwachsene Kinder noch Ihrer finanziellen Unterstützung?
- Gibt es Vermögensgegenstände, die im Sinne von Fa-
  milienerbstücken konkret bestimmten Kindern zukommen sollen?
- Wer soll die Vermögenssorge für Ihre Kinder übernehmen?

4. Wenn einer der Partner einen Gesell-
schaftsanteil oder eine Firma hat

Sofern Sie eine Firma haben oder über gesellschaftsrechtliche Beteiligungen verfügen, beachten Sie bitte noch folgende Punkte:

Im Grundsatz geht das Gesellschaftsrecht dem Erbrecht
vor. Dies bedeutet, dass Sie eventuell, um eine gesellschaftliche Beteiligung einem Ihrer Kinder oder Ihrem
Partner gezielt zukommen zu lassen, zunächst überprüfen
müssen, inwieweit der Gesellschaftsvertrag diesen Erb-
gang überhaupt erlaubt.

**Gesellschafts-
vertrag prüfen**

In den meisten Gesellschaftsverträgen sind Nachfolgeklauseln enthalten. Überprüfen Sie diese bitte und sorgen
Sie dafür, dass Ihr Testament und der Gesellschaftsvertrag
inhaltlich aufeinander abgestimmt sind.

Tipp

Denn wenn Sie den Gegenstand einer Person zuwenden,
die gemäß dem Gesellschaftsvertrag nicht in Ihren Ge-
sellschaftsanteilen nachfolgen kann bzw. darf, besteht die
Problematik, dass Ihre letztwillige Verfügung ins Leere
läuft.

Weiterhin müssen Sie beachten, dass unter Umständen
Erben den Gesellschaftsanteil nicht behalten wollen oder
durch den Gesellschaftsvertrag nicht behalten dürfen.

Abfindungs- Dann sind Abfindungsansprüche gegeben. Sofern keine
ansprüche gesellschaftsvertragliche Regelung vorgesehen ist, müssen
weichende Erben auf Grundlage des Verkehrswertes des
Unternehmens abgefunden werden. Dies kann zu drama-
tischen Liquiditätsengpässen führen.

 Sofern Sie also einen Gesellschaftsanteil haben, achten
Sie darauf, dass das Unternehmen im Erbfalle geschützt
ist und insbesondere letztwillige Verfügung und Gesellschaftsvertrag aufeinander abgestimmt sind.

5. Steuerliche Fragen

5.1 Rechtliche Ausgangslage

a) Erbschaftssteuer

Grundsätzlich unterliegt jeder Vermögenserwerb durch
einen Erbfall der Erbschaftssteuer.

 Auf die Liquidität des Nachlasses für die Frage der Erbschaftssteuer kommt es nicht an. Besteht der Nachlass also
im Wesentlichen aus sehr werthaltigen Immobilien, muss
die hieraus resultierende Erbschaftssteuer in jedem Falle
bezahlt werden, unabhängig davon, ob die liquiden Mittel
des Nachlasses oder des Erben hierfür ausreichen.

Gegebenenfalls muss der Erbe sich verschulden, um die
Erbschaftssteuer zu bezahlen.

b) Erbschaftssteuerklassen und Freibeträge

Freibetrag Allerdings gewährt der Staat Vergünstigungen: Allen Personen, die durch Erbeinsetzung oder gesetzliches Erbrecht
(oder auch durch Schenkung) Vermögenswerte erhalten,
steht ein Freibetrag zu.

Sowohl der Satz der Erbschaftssteuer als auch die Höhe
des Freibetrages hängt ab von der Beziehung, in der der
Erblasser zu dem oder den Erben steht. Hierbei gilt, dass
diejenigen Personen, die dem Erblasser besonders nahe
stehen, also Ehegatten und Kinder, steuerlich privilegiert

werden. Sie haben sowohl die günstigste Erbschaftssteuerklasse als auch die höchsten Freibeträge.

Grundsätzlich werden drei Erbschaftssteuerklassen unterschieden, denen auch drei unterschiedliche Freibetrags-
größen korrespondieren (siehe unten).

Steuerklassen

Hinsichtlich der Versteuerung muss zunächst der Nachlasswert ermittelt werden. Von diesem Wert wird dann
der gesetzlich festgeschriebene Freibetrag abgezogen. Aus
dem verbliebenen Vermögensbetrag errechnet sich dann
die zu bezahlende Erbschaftssteuer.

Berechnung

Die Ihnen voraussichtlich zustehenden Freibeträge nach
der geplanten Gesetzesreform sowie die zugeordneten
Erbschaftssteuerklassen und Steuersätze können Sie der
nachfolgenden Übersicht entnehmen (Stand: Januar 2008).
Im Anhang (siehe S. 196) finden Sie die aktuellen Zahlen.

Erbschaftssteuerklasse I

Personenkreis	Steuersätze	Freibetrag
Ehegatte	7 – 30 Prozent	500.000 Euro
Kinder, Stiefkinder, Enkel, wenn Kinder vorverstorben sind	7 – 30 Prozent	400.000 Euro
Enkel	7 – 30 Prozent	200.000 Euro
Eltern (bei Erbfall)	7 – 30 Prozent	100.000 Euro

Erbschaftssteuerklasse II

Personenkreis	Steuersätze	Freibetrag
Eltern (bei Schenkung)	30 Prozent über 6.000.000 Euro 50 Prozent	20.000 Euro
Nichte, Neffe		20.000 Euro
Geschwister		20.000 Euro
Schwiegerkinder		20.000 Euro

Erbschaftssteuerklasse III

Personenkreis	Steuersätze	Freibetrag
Alle anderen (auch Partner der nicht-ehelichen Lebens-gemeinschaft)	30 Prozent, über 6.000.000 Euro 50 Prozent	20.000 Euro (500.000 Euro Partner der eingetragenen Partnerschaft)

5.2 Folgen

Gerade wenn Ihr Vermögen die gesetzlichen Freibeträge übersteigt, empfiehlt sich eine langfristige Planung der Vermögensnachfolge.

 Aufgrund der geänderten Rechtslage müssen insbesondere Immobilien inzwischen deutlich verteuert in der Erbfolge bewertet werden.

Bis zur Entscheidung des Bundesverfassungsgerichtes im Januar 2007 galten gemäß dem Bewertungssgesetz fest-stehende Regelungen zur Bewertung von Immobilien, die dazu führten, dass der steuerliche Wert einer Immobilie in der Regel lediglich 50 bis 70 Prozent des tatsächlichen Verkehrswertes ausmachte. Hierdurch konnte Immobilien-vermögen steuerlich begünstigt gegenüber Geldvermögen von einer Generation auf die andere übertragen werden.

Versteuerung von Immo-bilien

Durch die Entscheidung des Bundesverfassungsgerichtes wurde dieses Bewertungssystem hinfällig und eine An-passung an den Verkehrswert zwingend.

Nunmehr muss der Verkehrswert ermittelt werden. Im Rahmen eines Gutachtens gibt es hierfür drei verschie-dene Berechnungsmethoden. Im Entwurf des neuen Ge-setzes sind diese aufgezählt. Allerdings ist noch unklar, ob bei der Vererbung einer Immobilie künftig immer ein Gut-achten erstellt werden muss, oder ob der Wert durch eine gesetzlich festgelegte Formel zu ermitteln sein wird. Dies war in der Vergangenheit der Fall. Die genaue Berechnungsmethode war im Januar 2008 noch nicht bekannt.

Da für die Höhe der Erbschaftssteuer die Liquidität des Nachlasses als solches keine Rolle spielt, können sich im Erbfalle in Folge der Steuer erhebliche finanzielle Schwierigkeiten ergeben. Vor diesem Hintergrund ist unter Umständen eine sehr langfristige Planung erforderlich.

Insbesondere sollten Sie beachten, dass bezüglich der Erbschaftssteuer und auch Schenkungssteuer lebzeitige Übertragungen im Sinne von Schenkungen interessant sein können.

Da die Freibeträge in einem Abstand von zehn Jahren immer wieder neu gewährt werden, können durch lebzeitige Vermögensübertragungen Freibeträge mehrfach ausgeschöpft werden.

Freibeträge mehrfach nutzen

Eine langfristige Planung ist umso mehr erforderlich, als dass der Partner einer nichtehelichen Lebensgemeinschaft nach wie vor steuerlich dem Ehegatten nicht gleichgestellt ist. Er gehört zur Erbschaftssteuerklasse III und hat somit den geringsten Freibetrag wie auch den höchsten Steuersatz. Die Partner einer nichtehelichen Lebensgemeinschaft gehören mit Sicherheit zu den Verlierern der Erbschaftssteuerreform – bereits die Übertragung einer Eigentumswohnung löst nicht unbeträchtliche Steuern aus.

Alternativ kann es im Rahmen eines erbrechtlichen Konzeptes unter steuerlichen Gesichtspunkten auch ratsam sein, Vermögenswerte direkt auf die Kinder zu übertragen und den Partner durch Einräumung von Nutzungsrechten für den Erbfall abzusichern.

5.3 Überlegungen und Checkliste

Im Rahmen einer letztwilligen Verfügung bzw. eines Vermögensvorsorgekonzeptes für den länger lebenden Partner wie auch gegebenenfalls Ihrer Kinder, spielt eine eventuelle Erbschaftssteuer selbstverständlich eine entscheidende Rolle.

Bedenken Sie immer, dass eine steuerlich optimierte Lösung allein nicht unbedingt selig macht. Selbstverständlich dürfen Sie steuerliche Fragen niemals aus den Augen verlieren und sollten anstreben, hier eine Optimierung möglicher Begünstigungen zu erreichen.

Regelung immer als Maßanzug treffen

Gleichzeitig darf dies über nicht darüber hinwegtäuschen, dass zum Beispiel ein Testamtent unterschiedliche Bedürfnisse regeln muss. Die Einsparung von Liquidität im Erbfalle ist nur eines von vielen Bedürfnissen, neben dem Wunsch, die Familientradition zu erhalten, Ihre Kinder und/oder Ihren Partner abzusichern oder für einen fairen und gerechten Ausgleich von Vermögensinteressen und Vermögenswerten zu sorgen. Deshalb kann unter Umständen eine Lösung, die steuerlich nicht den Optimalfall darstellt, dennoch für Sie persönlich die bessere Lösung sein, weil andere gleichgewichtige Interessen durch eine solche Lösung besser abgedeckt werden.

Sollten Sie vor dem Hintergrund steuerlicher Überlegungen lebzeitige Übertragungen erwägen, prüfen Sie für sich selbst genau, ob Sie bereit sind, bereits zu Lebzeiten Vermögenswerte endgültig und definitiv wegzugeben. Nur wenn Sie selbst mit der steuerlich motivierten Übertragung eines Vermögenswertes wirklich gut leben können, macht ein solcher Schritt Sinn.

In Ihre Überlegungen sollten Sie unter steuerlichen Aspekten folgende Überlegungen einbeziehen:

- Nehmen Sie eine vorläufige Ermittlung des von Ihnen zu vererbenden Vermögens vor.
- Prüfen Sie, wie die erbschaftssteuerliche Belastung der einzelnen Begünstigten bei Umsetzung dieser Regelung ausfällt, und ziehen Sie hierfür gegebenenfalls einen steuerlichen Fachmann zu Rate.

Persönliche Ziele
- Machen Sie sich vor allen Dingen klar, weshalb Sie eine bestimmte Zuordnung von Vermögenswerten an bestimmte Personen wünschen.

- Sollte das Ergebnis steuerlich nachteilig sein, entwickeln Sie ein Alternativmodell, das eine Steueroptimierung darstellt.   **Alternativen**

- Hinterfragen Sie dieses Konzept dann kritisch unter dem Gesichtspunkt Ihrer emotionalen Zufriedenheit.

- Wenn es zu einer Kollision zwischen Ihren Interessen und einer steuerlichen Optimierung kommt, begeben Sie sich in einen Abwägungsprozess, für den Sie sich auch ausreichend Zeit lassen. Nur so erhalten Sie die Gewähr, im Ergebnis zu einer erbrechtlichen Regelung zu kommen, die alle Ihre Interessen in ein optimiertes Gleichgewicht bringt.   **Abwägen**

Kapitel 6
Und was sagt das Finanzamt?

Fallbeispiel

Julius und Cleopatra sind frisch zusammengezogen. Noch haben sie keine gemeinsamen Kinder und gehen deshalb beide ihrem Beruf weiterhin in vollem Umfang nach.

Nach Ablauf des Kalenderjahres geben beide eine gemeinsame Steuererklärung ab. Da sie gemeinsam leben und wirtschaften, geht Julius davon aus, dass sie ebenso wie Eheleute zusammen veranlagt werden müssten und hierdurch in den Genuss von Steuervorteilen kämen.

Umso empörter ist Julius, als er vom Finanzamt einen gesonderten Steuerbescheid erhält und im Übrigen mitgeteilt bekommt, dass die beantragte Zusammenveranlagung abgelehnt ist.

Auch ein persönliches Telefonat bei Sachbearbeiter Brutus führt zu keinem Ergebnis. Zähneknirschend zahlen Julius und Cleopatra die festgesetzten Steuern, statt einen Tauchurlaub in Ägypten zu buchen.

1. Rechtliche Ausgangslage

Nach derzeit geltendem Steuerrecht steht Ehegatten (nicht eingetragenen Lebenspartnern) die Möglichkeit offen, zwischen einer Zusammenveranlagung oder einer getrennten Veranlagung steuerrechtlich zu wählen (§ 26 a und b Einkommenssteuergesetz).

Splitting für Ehegatten Bei einer Zusammenveranlagung können sich hieraus regelmäßig Steuervorteile ergeben. Die Folge ist nämlich die Anwendung bzw. Anknüpfung an den Splittingtarif.

Dies bedeutet, dass bei der Errechnung der Steuer das von jedem der Ehegatten erwirtschaftete zu versteuernde Einkommen zunächst zusammenaddiert wird. In einem zweiten Schritt wird dieses Einkommen dann halbiert. Aus diesem halbierten Einkommen wird der Steuerbetrag errechnet, der zu bezahlen ist.

Da im Steuerrecht die Steuerprogression hinsichtlich der Höhe der Steuer gilt, kann dies dazu führen, dass die Steuerbelastung insgesamt sinkt. Denn gerade dann, wenn einer der beiden Ehegatten ein extrem hohes Einkommen hat und der andere ein durchschnittliches bis niedriges Einkommen, wird das zu versteuernde Einkommen als Grundlage des Steuersatzes durch das Zusammenrechnen und das anschließende Halbieren reduziert. Damit sinkt der Steuersatz.

Steuer-belastung kann insgesamt sinkt

Der so errechnete Zahlbetrag der Steuer wird anschließend wieder verdoppelt und jedem Ehegatten einzeln zugeordnet.

Zu beachten ist in diesem Zusammenhang, dass bei der Berechnung des zu versteuernden Einkommens selbstverständlich der steuerliche Grundfreibetrag in voller Höhe ebenfalls verdoppelt wird. Im Ergebnis bedeutet dies, dass Ehegatten, wenn sie die Zusammenveranlagung wählen, zunächst wie ein Steuerpflichtiger eingestuft werden. Die Freibeträge werden grundsätzlich verdoppelt. Hierzu gehören beispielsweise die Sparerfreibeträge oder auch die Vorsorgepauschale.

Steuerlicher Grundfreibetrag wird verdoppelt

Diese Wahlmöglichkeit der Zusammenveranlagung mit gleichzeitiger Anwendung des Splittingtarifs kommt jedoch nur Ehegatten zugute.

Der Bundesfinanzhof hat bereits mehrfach Anträge von nichtehelichen Lebensgemeinschaften auf eine gemeinsame Veranlagung abgelehnt. In gleichem Sinne hat sich auch schon das Bundesverfassungsgericht mit dieser Frage befasst.

Deshalb ist die Auskunft von Brutus, dass die Zusammenveranlagung abgelehnt ist und sowohl Julius als auch Cleopatra steuerlich gesondert erfasst werden, zutreffend und von der derzeitigen Rechtslage gedeckt.

a) Wann werden steuermindernde Vereinbarungen vom Finanzamt anerkannt?

Verträge zwischen den Partnern

Einen gewissen Trost dafür, dass die Splittinggrundsätze keine Anwendung finden, ist darin zu sehen, dass Vereinbarungen zwischen den Partnern einer nichtehelichen Lebensgemeinschaft, die steuerrechtliche Auswirkungen haben, vom Finanzamt eher anerkannt werden als bei Ehegatten. Grundsätzlich können die Partner einer nichtehelichen Lebensgemeinschaft wie auch innerhalb einer Ehe ihre internen Verhältnisse durch Verträge gestalten. Hierzu gehören Arbeitsverträge, Gesellschaftsverträge, Miet- und Pachtverträge.

Die Verträge müssen bei Eheleuten einem Fremdvergleich standhalten. Das heißt, es wird überprüft, ob die vertragliche Vereinbarung – sowohl inhaltlich als auch betreffend der Abwicklung – einem Vertrag, der unter Fremden geschlossen oder üblich ist, vergleichbar ist. Für diesen Fremdvergleich gelten hohe Anforderungen.

Da die Partner einer nichtehelichen Lebensgemeinschaft – steuerrechtlich – keine Angehörigen sind, findet dieser Fremdvergleich nicht statt.

Leistung und Gegenleistung müssen übereinstimmen

Sollten derartige Verträge, die sich steuermindernd auswirken können, geschlossen werden, müssen Sie aber immer beachten, dass Leistung und Gegenleistung übereinstimmen müssen und im Übrigen der Vertrag tatsächlich durchgeführt werden muss.

b) Steuern sparen durch haushaltsnahe Beschäftigungsverhältnisse

Unter einer haushaltsnahen Beschäftigung werden Dienstleistungen verstanden, die im Rahmen des häuslichen Bereiches erbracht werden; hierzu gehören Renovierungstätigkeiten ebenso wie die Gartenpflege oder Reinigungsarbeiten. Diese sogenannten haushaltsnahen Beschäftigungsverhältnisse können steuermindernd geltend gemacht werden.

Gerade bei Inanspruchnahme haushaltsnaher Dienstleistungen besteht neuerdings die Möglichkeit, 20 Prozent der Aufwendungen, maximal jedoch 600 Euro, als Steuerermäßigung geltend zu machen. Allerdings ist nach wie vor streitig, ob die beschäftigte Person auch der Partner einer nichtehelichen Lebensgemeinschaft sein kann. Wäre im Beispiel Julius Inhaber eines Malergeschäftes und Cleopatra Eigentümerin des Hauses, könnte sie grundsätzlich Julius mit Tapezierarbeiten im Wohnzimmer beauftragen.

Da es nach wie vor umstritten ist, ob die zusätzliche Steuerermäßigung von maximal 600 Euro auch anfällt, wenn die beschäftigte Person der im selben Haushalt lebende nichteheliche Partner ist, sollten Sie in jedem Falle einen Steuerberater hinzuziehen.

Zusätzliche Freibeträge können sich außerdem im Bereich haushaltsnaher Beschäftigungsverhältnisse, also bei geringfügigen Beschäftigungsverhältnissen ergeben, bei denen dann die Aufwendungen teilweise steuermindernd geltend gemacht werden können.

Zusätzliche Freibeträge

c) Wird die Hilfe im Haushalt steuerlich anerkannt?

Grundsätzlich können die Kosten einer Hilfe im Haushalt bis zu maximal 924 Euro pro Kalenderjahr vom Einkommen abgezogen werden, sofern der Steuerpflichtige das 60. Lebensjahr vollendet hat oder in Folge einer Krankheit auf die Beschäftigung einer Hilfe im Haushalt angewiesen ist. Es ist durchaus möglich, dass der Partner einer nichtehelichen Lebensgemeinschaft vom Finanzamt als eine solche Hilfe im Haushalt anerkannt wird. Der Bundesfinanzhof hat eine solche Abzugsfähigkeit sogar dann angenommen, wenn die Bezahlung in Form von Kost und Logis erfolgt, die beiden Partner hierüber jedoch gleichzeitig eine Vereinbarung getroffen haben.

Beachten Sie in diesem Zusammenhang, dass die Betreuung eines Kindes nicht steuerlich berücksichtigt wird.

d) Kosten einer doppelten Haushaltsführung

Haushalts-
freibetrag

In jedem Falle finden die Kosten einer doppelten Haushaltsführung Berücksichtigung. Es entsteht dann ein sogenannter Haushaltsfreibetrag. Dieser kommt immer dann in Betracht, wenn der Steuerpflichtige in Folge seines Berufes neben dem Wohnsitz seiner Familie gezwungen ist, noch an einem anderen Ort eine Wohnung zu nehmen.

In der Vergangenheit konnten die Vorteile einer doppelten Haushaltsführung, wenn überhaupt, nur Partner einer nichtehelichen Lebensgemeinschaft geltend machen, die ein gemeinsames Kind hatten, das in einer der beiden Wohnungen dauerhaft lebte. Nunmehr ist in Folge einer geänderten Rechtssprechung eine doppelte Haushaltsführung anzuerkennen, wenn der Steuerpflichtige an seinem eigentlichen Wohnsitz gemeinsam mit dem Lebensgefährten zusammenwohnt und im Übrigen in Folge einer auswärtigen Beschäftigung einen zweiten Haushalt führen muss.

In diesem Fall können dann die Mehraufwendungen für die Unterkunft am Beschäftigungsort insoweit abgezogen werden, als dass sie tatsächlich nachgewiesen werden können.

Im Übrigen ist die rechtliche Lage auch hier nicht endgültig geklärt.

2.   Wer haftet für Steuerschulden?

Jeder Partner
haftet

Da den Partnern einer nichtehelichen Lebensgemeinschaft die steuerliche Zusammenveranlagung verwehrt ist, haftet logischerweise jeder Partner nur für die ihn treffende steuerliche Last. Aufgrund des Zusammenlebens entsteht keine Haftung für die Steuerschulden des jeweils anderen.

Etwas anderes kann nur dann gelten, wenn zwischen den beiden Partnern neben ihrer Beziehung auch ein Arbeitsvertrag abgeschlossen wurde. Denn grundsätzlich haften für die Lohnsteuer der Arbeitgeber und der Arbeitnehmer als Gesamtschuldner.

Daneben gibt es Steuern, die an den gemeinsamen Haushalt, die gemeinsame Lebensführung oder an andere Umstände anknüpfen. Hierzu gehört beispielsweise die Grundsteuer für eine Wohnung oder ein Haus, das beiden Partnern gehört. Selbstverständlich entsteht auch dann eine Gesamtschuldnerschaft, da die Grundsteuer an die Immobilie anknüpft.

Zu erwähnen ist, dass natürlich immer dann eine Haftung des einen Partners für den anderen entsteht, wenn dieser an der Steuerhinterziehung des anderen Partners mitwirkt.

Kapitel 7
Die nichteheliche Lebens-
gemeinschaft und ihre finanziellen
Ansprüche gegenüber öffentlichen
Stellen

1. Welche staatlichen Leistungen gibt es?

Fallbeispiel

> Angestellte Elsa trifft in der Diskothek »Weißer
> Schwan« den Künstler Lohengrin. Für beide ist es Liebe
> auf den ersten Blick.
>
> Hals über Kopf ziehen die beiden zusammen und füh-
> len sich im siebten Himmel.
>
> Dieser schwebende Zustand endet schließlich in einem
> harten Aufschlag auf dem Boden, als Lohengrin, der
> Arbeitslosengeld II bezieht, von der zuständigen Agen-
> tur für Arbeit die Mitteilung erhält, dass alle seine
> Leistungsansprüche ab dem Zeitpunkt des Zusammen-
> zuges mit Elsa aufgehoben sind.

1.1 Rechtliche Ausgangslage

Im Bereich der Sozialleistungen sind verschiedene Ansprüche voneinander zu unterscheiden. Im Folgenden wird
ein Überblick über die wichtigsten Ansprüche gegeben:

a) Was gilt bei Arbeitslosengeld II?

In Folge der Hartz-IV-Reform wurden die Leistungen im
Falle von Arbeitslosigkeit neu bezeichnet, weshalb man
nach Inkrafttreten der Reform zum 1.1.2005 von Arbeitslosengeld II spricht. Dieses können erwerbsfähige Personen zwischen dem 15. und 64. Lebensjahr beziehen.
Voraussetzung sind einerseits Erwerbsfähigkeit und andererseits Bedürftigkeit.

Hierbei ist erwerbsfähig, wer mindestens drei Stunden am Tag einer Erwerbsfähigkeit nachgehen kann. Bedürftig ist, wer seinen Lebensunterhalt nicht oder nicht ausreichend selbstständig sichern kann. Ist also kein eigenes Einkommen vorhanden und daneben auch kein eigenes verwertbares Vermögen, entsteht ein Anspruch auf Arbeitslosengeld II. Diese staatliche Unterstützung wird nach sogenannten Regelsätzen gewährt, die den Regelsätzen im Bereich der Sozialhilfe entsprechen.

Erwerbsfähig-keit

b) Wer erhält Sozialhilfe?

Vom Arbeitslosengeld II ist die Sozialhilfe zu unterscheiden. Hierauf haben alle Personen bis zum Abschluss des 14. Lebensjahres sowie ältere Personen ab dem 65. Lebensjahr Anspruch; außerdem erwerbsgeminderte Personen. Letztere sind in Folge von Erkrankungen dauerhaft in der Fähigkeit zu arbeiten eingeschränkt.

Innerhalb der Sozialhilfe werden unterschiedliche Leistungsarten gewährt:

- Hilfe zum Lebensunterhalt,
- Grundsicherung im Alter und Grundsicherung bei Erwerbsminderung,
- sonstige Hilfeleistungen in besonderen Situationen.

Leistungs-arten

Zu beachten ist außerdem, dass im Bereich der Sozialhilfe auch Zuschläge für besondere Personengruppen, wie beispielsweise Schwangere oder Alleinerziehende, gezahlt werden.

Ebenso wie beim Arbeitslosengeld II werden natürlich die Beiträge für alle gesetzlichen Pflichtversicherungen, insbesondere Kranken- und Pflegepflichtversicherung, übernommen.

c) Höhe des Anspruchs

Sowohl das Arbeitslosengeld II als auch die Sozialhilfe werden nach sogenannten Regelsätzen gewährt. Diese Regelsätze sind in speziellen Tabellen erfasst und differenzieren nach dem jeweiligen Lebensalter.

Regel-
leistungen Hierbei werden im Rahmen der Leistungsbewilligung zunächst Regelleistungen gewährt. Damit sind Zahlbeträge gemeint, die für den allgemeinen Lebensbedarf gelten sollen. Zu diesen Regelleistungen können zusätzliche Leistungen gewährt werden. Dazu gehören vor allem Leistungen für Unterkunft und Nebenkosten einer Wohnung. Im Einzelfall können auch einmalige Sonderzahlungen, wie zum Beispiel eine Umzugskostenbeihilfe, gewährt werden.

Daneben besteht im Bereich des Arbeitslosengeldes wie auch der Sozialhilfe die Möglichkeit, eine Kaution zu stellen, also ein Darlehen durch die zuständige Behörde zu erhalten. Dieses Darlehen ist dann in monatlichen Raten zurückzuzahlen.

 Beachten Sie, dass im Bereich der Mietkosten strenge Maßstäbe angesetzt werden. Diese beziehen sich sowohl auf die Wohnungsgröße als auch auf die Höhe der Wohnkosten.

Orientierungspunkt für die Höhe der durch das Amt übernommenen Miete ist nicht die tatsächliche durch den Mietvertrag geschuldete Mietschuld. Bezüglich der Bezuschussung von Miete und Nebenkosten gelten Höchstbeträge, die aus der zugesprochenen Wohnungsgröße in Abhängigkeit von der Personenzahl und dem von der Behörde anerkannten Mietniveau errechnet werden.

 Zum Umfang dessen, was im Rahmen von Arbeitslosengeld II und Sozialhilfe alles beantragt werden kann, siehe den in dieser Reihe erschienenen Ratgeber »Hartz IV – Mein Recht auf Arbeitslosengeld II«.

d) Anspruchsstellung

Beachten Sie, dass die Anträge auf Arbeitslosengeld II und Sozialhilfe bei verschiedenen Behörden zu stellen sind. Grundsätzlich zuständig für den Anspruch auf Arbeitslosengeld II ist die zuständige Agentur für Arbeit. Demgegenüber wird Sozialhilfe von den kreisfreien Städten oder den Landkreisen erbracht, somit von den örtlichen Trägern.

e) Wer bekommt Wohngeld?

Unabhängig von der Frage, ob Personen Anspruch auf Arbeitslosengeld II oder Sozialhilfe haben, kann ein Anspruch auf Wohngeld bestehen.

Unter Wohngeld versteht man einen Zuschuss zu den Kosten der Unterkunft.

Ausgangspunkt bei der Berechnung von Wohngeld ist das jährliche Haushaltseinkommen aller Personen, die in einem Haushalt zusammenleben. **Einkommen**

Zwar ergibt sich aus der gesetzlichen Regelung zum Wohngeld, dass der Partner einer nichtehelichen Lebensgemeinschaft bei der Ermittlung des Familieneinkommens zunächst außer Betracht bleibt; seine Einkünfte gehören nicht zum Gesamteinkommen, das für alle Familienmitglieder die zum Haushalt gehören, zu errechnen ist. Jedoch bestimmt das Wohngeldgesetz gleichzeitig, dass ein Antragsteller, der mit einem Nichtfamilienmitglied eine Wohn- und Wirtschaftsgemeinschaft lebt, nicht besser gestellt werden darf als eine Person, die einen vergleichbaren Familienhaushalt führt. Im Rahmen einer Vergleichsrechnung wird dann das Einkommen des nichtehelichen Lebenspartners wiederum berücksichtigt.

Für die Höhe des Wohngeldes ist maßgeblich, in welchem Bereich der Bundesrepublik der Anspruchsteller lebt. Das gesamte Bundesgebiet ist in sechs Mietstufen unterteilt. Die Stufe 1 meint dabei Gemeinden, in denen das niedrigste Mietniveau gegeben ist, während die Stufe 6 Städte und Gemeinden bezeichnet, die als teuerste Wohngegend eingestuft sind. In der Anlage zur Wohngeldverordnung sind alle Gemeinden der Bundesrepublik einer Mietstufe zugeordnet. Diese Mietstufe bedeutet dann einen bestimmten Betrag je Quadratmeter Wohnfläche, der im Rahmen des Wohngeldes gezahlt wird. **Mietstufe**

Der dritte Bemessungsfaktor für den Umfang des Wohngeldes ist die Haushaltsgröße. **Haushaltsgröße**

Denn je nachdem, wie viele Personen in einer Wohnung zusammenleben, besteht ein Anspruch auf eine bestimmte

Mindestwohnungsgröße. Es wird zwar davon ausgegangen, dass grundsätzlich jedem Kind ein eigenes Kinderzimmer zustehen soll, jedoch wird die Höhe des Wohngeldes nicht nach den tatsächlich angemieteten Zimmern berechnet, sondern nach einer maximalen Quadratmeterzahl.

Beispielsweise wird bei einem Haushalt mit fünf Personen zwar zugrunde gelegt, dass dann drei Kinderzimmer vorhanden sein müssten, gleichzeitig wird dies jedoch durch eine bestimmte maximale Förderung reglementiert. Somit findet eine doppelte Deckelung des Wohngeldanspruches statt: nämlich einerseits durch Mietstufe und andererseits durch die Haushaltsgröße.

 Beachten Sie, dass der hierfür erforderliche Antrag nur vom Mieter gestellt werden kann. Demgegenüber finden bei der Bemessung des Wohngeldes sämtliche Personen, die in der Wohnung dauerhaft leben, Berücksichtigung, ohne dass es darauf ankommt, ob diese selbst den Mietvertrag mit unterschrieben haben oder nicht.

Beachten Sie weiterhin, dass die Berechnung des Anspruchs auf Wohngeld nach anderen Kriterien vorgenommen wird als die Berechnung der Ansprüche bei Sozialhilfe und Arbeitslosengeld II.

1.2 Folgen bei Bestand einer nichtehelichen Beziehung

Grundsätzlich gilt, dass nichteheliche Partner bei Bestehen einer nichtehelichen Lebensgemeinschaft in einer gemeinsamen Wohnung nicht besser gestellt werden sollen als Eheleute.

Bedarfs-gemeinschaft Deshalb bilden sie im Rahmen der Sozialleistungen eine Bedarfsgemeinschaft. In der Folge führt dies dazu, dass für die Prüfung der Bedürftigkeit eines Anspruchstellers auf Arbeitslosengeld II nicht nur überprüft wird, ob der Anspruchsteller seinen Lebensunterhalt selbst nicht aufbringen kann, sondern darüber hinaus, ob der Lebensunterhalt des Anspruchstellers nicht eventuell aus dem Einkommen des mit ihm in Bedarfsgemeinschaft lebenden

Partners bestritten werden kann. Im Rahmen der Sozialhilfe wird zwar der Begriff der Bedarfsgemeinschaft nicht
verwandt, jedoch besteht faktisch dieselbe Problematik.

Da die nichteheliche Lebensgemeinschaft gegenüber einer Ehe nicht privilegiert werden darf, wird für die Bedarfsberechnung das Einkommen des Partners in voller
Höhe hinzugenommen. Es wird somit eine gemeinsame
Bedarfsberechnung durchgeführt, bei der das Einkommen
beider Partner zusammengerechnet wird. In diesem Zusammenhang zeigt sich der Vorteil einer gleichgeschlechtlichen Partnerschaft: Da in der Praxis häufig Streit darüber entstand und auch von den Gerichten unterschiedlich
entschieden wurde, ob eine nichteheliche Lebensgemeinschaft überhaupt vorliegt oder nicht, wurden von den Gerichten im Rahmen diverser Entscheidungen Kriterien
hierfür aufgestellt. Hierbei wurde auf die Lebensgemeinschaft zwischen einem Mann und einer Frau, somit also
eine heterosexuelle Gemeinschaft, abgestellt.

Einkommen des Partners wird voll berücksichtigt

Nach bisheriger Ansicht reicht eine homosexuelle Beziehung nicht aus. Da es für gleichgeschlechtliche Paare
seit einigen Jahren die Möglichkeit gibt, als eingetragene
Lebenspartnerschaft einen eheähnlichen Status zu erreichen, ist diese Unterscheidung in keiner Weise mehr
nachvollziehbar. Dennoch können auch im Rahmen einer gleichgeschlechtlichen Partnerschaft sozialrechtliche
Auswirkungen entstehen, soweit es nämlich im Rahmen
der staatlichen Leistungsgewährung ausreicht, dass durch
das tatsächliche gemeinsame Zusammenleben mehrerer
Personen eine Bedarfsgemeinschaft entsteht. In diesem
Falle wird tatsächlich das Einkommen aller im selben
Haushalt lebenden Personen bzw. beider Beziehungspart-
ner zusammengerechnet. Es wird dann ein einheitlicher
Bedarf festgestellt.

Gleichge-schlechtliche Paare

Im Hinblick auf die marginalen Regelbedarfssätze muss
der Partner kein Spitzenverdiener sein, damit in der Folge
Sozialleistungen abgesprochen werden.

Berechnung Da Elsa und Lohengrin im Fallbeispiel zusammengezogen sind, ist bei der Berechnung der Ansprüche von Lohengrin auf Arbeitslosengeld II das Einkommen Elsas in voller Höhe anrechenbar. Das heißt, es werden seitens der Behörde das Einkommen von Lohengrin (nämlich Null) und das Einkommen von Elsa zusammengerechnet. Dieses wird einer Bedarfsberechnung für zwei Personen gegenübergestellt. Abgezogen sind hier bereits Wohnungskosten in anrechenbarer Höhe.

Kommt die Behörde dann zu dem Ergebnis, dass durch Elsas Einkommen der gesamte Lebensbedarf der beiden inklusive aller Wohn- und Nebenkosten abgedeckt ist, entfällt Lohengrins Anspruch auf Arbeitslosengeld II in voller Höhe.

Beweislast liegt bei der Behörde Beachten Sie, dass die Beweislast für das Vorliegen einer nichtehelichen Lebensgemeinschaft bei der Behörde liegt. Die Behörde muss im konkreten Fall nachweisen können, dass zwischen den Partnern eine derartige innere Bindung besteht, dass eine nichteheliche Gemeinschaft im Sinne eines wechselseitigen »Füreinander-einstehen-Wollen« tatsächlich gegeben ist. Da dies natürlich erhebliche Schwierigkeiten für die Praxis bedeutet, können sogenannte Hinweistatsachen hinzugezogen werden. Hierzu gehören insbesondere die Dauer des Zusammenlebens und beispielsweise auch die Versorgung von gemeinsamen Kindern oder Angehörigen im gemeinsamen Haushalt oder etwaige Vollmachten.

Natürlich gehört im Rahmen der Hinweistatsachen auch das Bestehen von intimen Beziehungen dazu, wobei vollkommen unklar ist, wie eine Behörde dies nachweisen soll.

Wohnen auf Probe Im Beispiel haben deshalb Elsa und Lohengrin gute Chancen, zunächst eine Aufhebung des Bescheides zu erreichen. Denn Elsa und Lohengrin sind erst so kurzfristig zusammengezogen, dass eher von einem »Wohnen auf Probe« auszugehen ist, als davon, dass beide tatsächlich eine eheähnliche Gemeinschaft als langfristige Basis ihres

Lebens mit einem wechselseitigen füreinander Einstehen aufgenommen haben.

Eben weil die Dauer des Zusammenlebens eines der Kriterien für die Annahme einer nichtehelichen Lebensgemeinschaft und damit sozialrechtlich gesehen für eine Bedarfsgemeinschaft ist, könnte die Entscheidung hier, zumindest auf Zeit, aufgehoben werden.

1.3 Kurioses Ergebnis

Festzuhalten ist damit, dass kurioserweise all diejenigen im Bereich der Sozialleistungen besser stehen, die nicht zusammenleben.

Sollte also innerhalb einer Beziehung überlegt werden, ob eine Verfestigung im Rahmen einer nichtehelichen Lebensgemeinschaft, insbesondere durch Anmietung einer gemeinsamen Wohnung, angestrebt wird und gleichzeitig offenkundig ist, dass in absehbarer Zeit eventuell staatliche Sozialleistungen in Anspruch genommen werden müssten, ist es wirtschaftlich betrachtet durchaus eine Überlegung, von einem Zusammenzug Abstand zu nehmen. Dies ist unschön, ergibt sich jedoch aus den Fakten.

Tipp

U. U. von nichtehelicher Lebensgemeinschaft Abstand nehmen

Im Übrigen stehen Paare, die homosexuell sind oder bei denen einer der Partner noch verheiratet ist, in jedem Falle besser da, da diese aus einem Zusammenzug keinerlei Nachteile zu befürchten haben. Sollten die Partner einer heterosexuellen Beziehung dennoch zusammenziehen, müssten sie genau überlegen, ob ihre Beziehung als derart verfestigt zu sehen ist, dass von einer nichtehelichen Lebensgemeinschaft gesprochen werden kann.

2. Was ist bei der Ausbildungsförderung (BAföG) wichtig?

Hinsichtlich des BAföG ergeben sich aufgrund einer nichtehelichen Lebensgemeinschaft keinerlei Nachteile. Das Bundesausbildungsförderungsgesetz unterscheidet nicht zwischen Anspruchstellern, die in einer nichtehelichen Lebensgemeinschaft leben, gleichgültig ob gleichgeschlechtlich oder heterosexuell – der Begriff der Lebensgemeinschaft ist im Bundesausbildungsförderungsgesetz schlichtweg nicht bekannt.

Anders dagegen bei Ehegatten: Denn das Einkommen eines nicht getrennt lebenden Ehegatten ist im Rahmen der BAföG-Gewährung zu berücksichtigen.

 Dies bedeutet im Ergebnis, dass nichteheliche und nicht eingetragene gleichgeschlechtliche Partner im Bereich der Bundesausbildungsförderung besser stehen als Ehepaare.

3.   Wer bekommt das Kindergeld?

3.1   Rechtliche Ausgangslage

a) Grundsätzliches

Kinderfreibetrag Kindergeld stammt aus dem Bereich des Steuerrechtes. Grundsätzlich wird demjenigen, der für ein Kind unterhaltspflichtig ist, ein besonderer steuerlicher Freibetrag, der sogenannte Kinderfreibetrag gewährt. Allerdings haben Eltern die Möglichkeit, zwischen diesem Freibetrag oder einer tatsächlichen Zahlung von Kindergeld zu wählen. Maßgeblich ist das individuelle Einkommen.

 Bei hohen Einkommen ist es attraktiv, sich für den Kinderfreibetrag zu entscheiden, während bei mittleren und niedrigeren Einkommen die Entscheidung für die Auszahlung des Kindergeldes wirtschaftlich sinnvoll ist. Im Einzelnen benötigen Sie hierzu Rat durch einen Steuerfachmann.

b) Antragsberechtigung

Antragsberechtigt ist jeder, der ein eigenes Kind in seinem Haushalt aufnimmt. Lebt das Kind mit beiden Eltern gemeinsam, ist zwischen den Eltern abzustimmen, wer berechtigt sein soll, das Kindergeld zu beziehen.

c) Höhe des Kindergeldes

Das Kindergeld wird nach festen Beträgen bezahlt. Für jedes erste, zweite und dritte Kind beläuft es sich auf 154 Euro, für jedes weitere Kind auf 179 Euro.

d) Wie lange gibt es Kindergeld?

Grundsätzlich wird das Kindergeld bis zum 18. Lebensjahr bezahlt. Unter Umständen kann das Kindergeld auch länger bezahlt werden. Allerdings nur dann, wenn das Kind sich in einer Ausbildung befindet und nicht mehr als 640 Euro netto im Monat hinzuverdient oder ein anderer Ausnahmefall, zum Beispiel Wehrdienst, vorliegt

3.2 Folgen

Solange eine nichteheliche Lebensgemeinschaft besteht, stellt das Kindergeld entweder einen steuerlich nutzbaren Freibetrag oder ein zusätzliches Einkommen dar.

Sobald das Paar sich trennt, gewinnt das Kindergeld jedoch unterhaltsrechtliche Bedeutung. Es wird bei minderjährigen Kindern das hälftige Kindergeld von einem eventuellen Unterhaltsanspruch gegen den zum Barunterhalt verpflichteten Elternteil in Abzug gebracht, bei Volljährigen das ganze.

4. Was gilt bei Mutterschaftsgeld und Elterngeld?

4.1 Was ist Mutterschaftsgeld?

Das Mutterschaftsgeld ist in Zusammenhang mit dem Mutterschutz zu sehen. Durch das Mutterschutzgesetz sollen Frauen sowohl in der Schwangerschaft als auch bei der Geburt und in der darauf folgenden Zeit geschützt werden. Arbeitnehmerinnen sollen ohne finanzielle Einbußen bis zu einem Zeitraum von maximal acht Wochen nach der Geburt (bei Früh- oder Mehrlingsgeburten maximal zwölf Wochen nach der Geburt) geschützt werden.

Ziel

Zeitraum Deshalb haben Arbeitnehmerinnen (nicht Selbstständige!) einen Anspruch darauf, sechs Wochen vor der Geburt und acht Wochen nach der Geburt (oder zwölf Wochen) von ihrer Arbeit freigestellt zu werden. Um während dieser Freistellung keine finanziellen Einbußen hinnehmen zu müssen, zahlt die Krankenversicherung einen bestimmten Pauschalbetrag pro Tag. Den zum sonst erzielten Nettoeinkommen fehlenden Betrag muss der Arbeitgeber hinzuzahlen.

 War die berufstätige Mutter nicht gesetzlich krankenversichert, wird vom Bundesversicherungsamt ein geringerer Pauschalbetrag bezahlt, der Arbeitgeber ist aber nach wie vor nur verpflichtet, den Unterschiedsbetrag zwischen der Summe, die bei gesetzlicher Krankenversicherung bezahlt worden wäre, und dem tatsächlichen Nettoverdienst auszugleichen. Im Ergebnis hat die Frau dann weniger Geld.

4.2   Wie wird das Elterngeld berechnet?

Elternzeit Nach Ablauf des Mutterschutzes und damit auch des Mutterschaftsgeldes besteht die Möglichkeit, Elterngeld zu beantragen. Dieses ersetzt das Bundeserziehungsgeld bei allen Kindern, die nach dem 1.1.2007 geboren sind. Unter Elternzeit versteht man die Freistellung von der Beschäftigung zur Betreuung eines Kindes. Ziel ist es, finanzielle Einbußen in der Elternzeit auszugleichen.

 Beachten Sie, dass die Elternzeit nicht nur von einem Elternteil genommen werden kann. Insgesamt steht die Elternzeit beiden Elternteilen gemeinsam zu, insgesamt jedoch nur drei Jahre Sie können diesen Zeitraum also untereinander aufteilen.

Unter bestimmten Voraussetzungen kann ein Teil der Elternzeit, bis zu zwölf Monaten, auf die Zeit nach dem vollendeten dritten Lebensjahr des Kindes übertragen werden. Diese so verbliebene Elternzeit muss jedoch spätestens bis zum vollendeten achten Lebensjahr des Kindes genommen werden.

Im Gegensatz zum früheren Bundeserziehungsgeld wird
das Elterngeld grundsätzlich einkommensabhängig gewährt. Der Mindestbetrag beläuft sich auf 300 Euro, der
Höchstbetrag auf 1800 Euro. Diesen Mindestbetrag erhalten Sie immer, auch wenn Sie vor der Geburt des Kindes
nicht gearbeitet haben.

Beträge

Beachten Sie, dass in dem Zeitraum, in dem das Elterngeld bezahlt wird, der beantragende Elternteil höchstens
30 Wochenarbeitsstunden arbeiten darf.

Dies ist eine der Voraussetzungen, die allerdings für Stu-
dierende und Auszubildende nicht gilt.

Außerdem müssen Sie Ihr Kind vorwiegend selbst betreu-
en, es muss in Ihrem Haushalt leben, und Ihr Wohnsitz
oder gewöhnlicher Aufenthalt muss in Deutschland sein.

Das Elterngeld beträgt 67 Prozent Ihres durchschnitt-
lichen Nettoeinkommens in den vergangenen zwölf Monaten vor der Geburt des Kindes. Hierzu werden alle
Bruttoeinkünfte – auch Weihnachtsgeld, Urlaubsgeld etc.
– zusammengerechnet. Davon werden die Lohnsteuer und
Sozialabgaben abgezogen. Außerdem ein Pauschalbetrag
für Werbungskosten. Dies sind Ausgaben, die Sie zur Er-
zielung Ihres Einkommens aufwenden müssen, wie beispielsweise Fahrtkosten. Bei Selbstständigen ist Maßstab
der steuerliche Gewinn. Sollte sich ein Betrag ergeben, der
zwar über dem Mindestbetrag von 300 Euro liegt, jedoch
gleichzeitig unter 1000 Euro, wird das Elterngeld noch um
einen bestimmten Prozentsatz erhöht, der einzelfallabhän-
gig ist.

Berechnung

Das Elterngeld wird für maximal 14 Monate bezahlt, wobei ein Elternteil maximal für zwölf Monate Elterngeld
erhalten kann. Soweit Sie andere staatliche Leistungen wie
beispielsweise Arbeitslosengeld II beziehen, wird das Elterngeld zwar berücksichtigt, jedoch ist der Mindestbetrag
von 300 Euro immer anrechnungsfrei.

Aus dem Status der nichtehelichen Lebensgemeinschaft
bzw. umgekehrt des Verheiratetseins ergeben sich beim
Elterngeld weder Vor- noch Nachteile.

5.   Wenn ein Partner aus dem Ausland kommt

Fallbeispiel

Paris hat die schöne Inderin Helena bereits seit einiger Zeit kennen und lieben gelernt und wohnt mittlerweile mit ihr zusammen. Helena hat inzwischen ihr Studium in Deutschland beendet und mit Sorge festgestellt, dass ihr Aufenthaltstitel in absehbarer Zeit ablaufen wird.

Da sie mit Paris die Gründung einer Familie plant, beantragt sie die Verlängerung des Visums. Sachbearbeiter Agamemnon lehnt den Antrag ab, fordert Helena zur Ausreise innerhalb von vier Wochen ab Erhalt des Bescheides auf und droht andernfalls die Abschiebung an.

5.1   Rechtliche Ausgangslage

a) Grundsatzhinweis

Anwendungsbereich

Beachten Sie bitte, dass das Ausländergesetz nur auf Ausländer Anwendung findet, deren Heimatland nicht zur Europäischen Union gehört. Für türkische Staatsangehörige gelten Sonderregelungen.

Insofern beziehen sich die nachfolgenden Ausführungen, wie an dem Fallbeispiel gesehen werden kann, daher ausschließlich auf nichteheliche Lebensgemeinschaften mit Ausländern aus Staaten, die nicht der Europäischen Union angehören.

b) Grundsatzsituation

Die nichteheliche Lebensgemeinschaft findet im geltenden Ausländerrecht so gut wie keine Berücksichtigung. Im Gegensatz zur Ehe, in deren Folge ein Ausländer Anspruch auf Erteilung einer Aufenthaltserlaubnis hat, ist die Beziehung zwischen Partnern einer nichtehelichen Lebensgemeinschaft nicht geschützt.

Auch die Regelungen des Familiennachzuges enger Angehöriger finden für den Bereich der nichtehelichen Lebensgemeinschaft keine Anwendung.

Familiennachzug

Für Helena bedeutet dies, dass sie nur aufgrund der Tatsache, dass sie mit Paris in nichtehelicher Lebensgemeinschaft lebt, kein eigenständiges Aufenthaltsrecht begründen kann.

c) Abschiebungsschutz

Lediglich für die Frage, ob unter Umständen ein Abschiebungshindernis besteht, kann das Bestehen einer nichtehelichen Lebensgemeinschaft eine Rolle spielen.

Abschiebungshindernis

Denn die zuständige Behörde hat grundsätzlich auch die Folgen einer Ausweisung eines Ausländers zu beachten. Regelmäßig wird jedoch das Bestehen einer nichtehelichen Lebensgemeinschaft als Abschiebungshindernis nicht ausreichen.

d) Gemeinsame Kinder

Die rechtliche Situation verbessert sich deutlich, wenn ein gemeinsames Kind aus der nichtehelichen Lebensgemeinschaft hervorgegangen ist.

Sobald eine Ausländerin im Sinne des Ausländerrechtes von einem deutschen Staatsangehörigen schwanger wird, hat sie bereits bei bestehender Schwangerschaft einen Rechtsanspruch darauf, nicht abgeschoben zu werden. Umgekehrt, wenn also der männliche Partner Ausländer im Sinne des Ausländergesetzes ist, genügt ebenfalls die Schwangerschaft der deutschen Staatsangehörigen.

Bestehende Schwangerschaft

Sobald das Kind geboren ist, hat der ausländische Elternteil, der mit dem Kind in einem gemeinsamen Haushalt lebt, in jedem Falle einen Anspruch auf Erteilung einer Aufenthaltserlaubnis. Teilweise wurde sogar entschieden, dass eine häusliche Gemeinschaft nicht notwendig ist, sondern ein regelmäßiger intensiver Kontakt ausreicht.

5.2 Folgen

Hinsichtlich der Folgen müssen Sie sich grundsätzlich bei
Eingehen einer festen Beziehung mit einem Ausländer im
Sinne des Ausländergesetzes darüber im Klaren sein, dass
diese eventuell nur eine Beziehung auf Zeit ist.

 Bevor Sie sich entscheiden, zu heiraten oder ein Kind zu
bekommen, sollten Sie sich überlegen, ob dies wirklich Ihrer Lebensplanung entspricht, und sich keinesfalls durch
die »Notlage« einer drohenden Abschiebung hierzu bewegen lassen. Weder mit einer Ehe noch mit einem Kind
sollte man juristisch jonglieren.

6. Worauf Sie bei der Rente achten sollten

Fallbeispiel

Schneeweißchen und Rosenrot leben bereits seit fast
30 Jahren zusammen. Schneeweißchen freut sich auf
den bevorstehenden Ruhestand und gedenkt, alle ihre
Angelegenheiten zu regeln.

Hierbei prüft sie auch ihre Ansprüche bezüglich ihrer
Rentenversicherung und möchte sich ausrechnen lassen, inwieweit Rosenrot im Falle des Versterbens von
Schneeweißchen Rentenansprüche im Sinne einer Wit-
wen- und Hinterbliebenenrente hat. Im Rahmen der
gemeinsamen Lebensführung war Schneeweißchen
stets die Besserverdienende, da Rosenrot im Interesse
des gemeinsamen Haushaltes immer nur halbtags gearbeitet hat.

Schneeweißchen muss feststellen, dass Rosenrot trotz
des langjährigen Bestehens der Beziehung keinerlei
Ansprüche gegen die Rentenversicherung von Schneeweißchen hat.

6.1 Rechtliche Ausgangslage

Die derzeitige Rechtslage ist schlicht: Der länger lebende
Partner einer nichtehelichen Lebensgemeinschaft erhält
keine Witwen- oder Witwerrente.

Gleiches gilt für eine betriebliche Altersversorgung, da auch hier keinerlei gesetzliche Verpflichtung gegeben ist, den länger lebenden Partner in der Hinterbliebenenversorgung zu berücksichtigen.

6.2 Rechtliche Gestaltungen und Checkliste

Die Frage der Altersvorsorge ist mit Sicherheit kein Thema, das Sie in unmittelbarer zeitlicher Nähe zur Gründung der nichtehelichen Lebensgemeinschaft regeln müssen.

Bevor Sie irgendwelche Verträge abschließen, die dauerhafte finanzielle Belastungen darstellen, sollten Sie die Verfestigung der Partnerschaft und ihre Bewährung im Alltag abwarten. Verlieren Sie jedoch die Frage einer adäquaten Altersvorsorge nicht aus den Augen. Bei Ihren Überlegungen und Planungen sollten Sie sich in jedem Falle auch auf den Rat seriöser Versicherungsfachleute stützen, zum Beispiel im Rahmen der Versicherungsberatung der Verbraucherzentralen.

Tipp

Verfestigung der Partnerschaft abwarten

Folgende Überlegungen können Sie bei Ihren Planungen unterstützen:

- Welche gesetzlichen Rentenanwartschaften stehen jedem Partner zu?
- Erwirtschaftet einer der Partner in Folge der gemeinsamen Lebensgestaltung geringere Rentenanwartschaften?
- Wird der Ausfall von Beitragszahlungen, beispielsweise in Folge von Kinderbetreuung, durch die seit den 1990er Jahren geltenden Kinderberücksichtigungszeiten in der gesetzlichen Rentenversicherung kompensiert?
- Ist jeder Partner, auch im Falle einer Trennung bzw. bei Versterben eines der Partner, aufgrund der eigenen gesetzlichen Anwartschaft ausreichend finanziell abgesichert?
- Welche privaten Altersvorsorgeverträge (private Rentenversicherung, Lebensversicherungen) hat jeder im Interesse seiner eigenen Altersvorsorge abgeschlossen?

Private Altersvorsorge

- Bestehen bei diesen Verträgen Bezugsberechtigungen für den länger lebenden Partner?
- Sind im Ergebnis zusätzliche Absicherungsmechanismen erforderlich? Wenn ja: Beachten Sie, dass die Verträge so flexibel gehandhabt sind, dass sie auch im Falle einer Trennung bezahlbar und sinnvoll bleiben!
- Ergänzen Sie Ihre Überlegungen zum Bereich einer durch Versicherung gewährleisteten Altersvorsorge durch erbrechtliche Überlegungen!

Immobilie
- Sofern Sie Eigentümer einer Immobilie sind: Überprüfen Sie, was im Falle des Versterbens einer der Partner mit der Immobilie passieren soll und ob hier durch entsprechende erbrechtliche Instrumentarien eine zusätzliche Altersabsicherung des länger lebenden Partners geschaffen werden kann.

Kapitel 8
Wenn Sie zusammen arbeiten oder ein Geschäft haben

1. Einführung

Parallel zur privaten Beziehung können zwischen den Partnern einer nichtehelichen Lebensgemeinschaft selbstverständlich auch andere Rechtsbeziehungen bestehen. Diese Rechtsbeziehungen können durchaus im Bereich des Arbeitsrechtes angesiedelt sein.

Sind die Partner einer nichtehelichen Lebensgemeinschaft im Bereich eines von einem der Partner geführten Betriebes gemeinschaftlich tätig, ist besonderes Augenmerk darauf zu legen, welchen Status der mitarbeitende Partner hat.

Er kann

- Arbeitnehmer oder
- Mitunternehmer

sein – je nach Ausgestaltung der vertraglichen Verhältnisse zwischen den beiden Partnern.

Je nach dieser Ausgestaltung ergeben sich unterschiedliche Konsequenzen, die auch steuerrechtlich sowie sozialversicherungsrechtlich Auswirkungen haben.

2. Sind Arbeitsverträge zwischen Lebenspartnern möglich?

2.1 Rechtslage

Besteht zwischen den Partnern einer nichtehelichen Lebensgemeinschaft ein Arbeitsvertrag finden die allgemeinen arbeitsrechtlichen Regelungen Anwendung. Es gelten insoweit keine Besonderheiten.

Siehe auch den Ratgeber der Verbraucherzentrale »Meine Rechte als Arbeitnehmer«.

a) Steuerliche Folgen

Anerkenntnis
des Arbeits-
vertrags
In diesem Zusammenhang ist noch anzumerken, dass nichteheliche Paare gegenüber Eheleuten hier häufig weniger Schwierigkeiten haben werden, den Arbeitsvertrag vom Finanzamt anerkannt zu bekommen.

Denn wenn Ehegatten Verträge miteinander abschließen, müssen sie stets einem Fremdvergleich standhalten. Das heißt, es wird überprüft, ob ein solcher Vertrag mit identischem Inhalt und identischem Umfang auch unter fremden Dritten abgeschlossen worden wäre. Diese Prüfung wird bei den Partnern einer nichtehelichen Lebensgemeinschaft nicht vorgenommen, insofern sind die Anforderungen niedriger.

Tipp
In jedem Fall sollten Sie einen Arbeitsvertrag nicht bloß fiktiv abschließen, um eventuelle Steuervorteile zu erreichen. Der Arbeitsvertrag muss tatsächlich praktiziert werden, und Leistung und Gegenleistung sollen in jedem Fall einander entsprechen.

b) Arbeitsvertrag betreffend Haushaltsführung

Geringfügige
Beschäftigung
Selbstverständlich besteht die Möglichkeit, einen Arbeitsvertrag – gegebenenfalls auch im Sinne einer geringfügigen Beschäftigung – zwischen den Lebenspartnern, die Haushaltsführung betreffend, abzuschließen.

Da dann aber ebenfalls die Verpflichtung besteht, Beiträge zu den gesetzlichen Sozialversicherungen zu bezahlen, ist im Einzelfall zu überlegen, ob dies wirklich sinnvoll ist.

Ein »Steuersparmodell« ist eine solche Möglichkeit lediglich für Besserverdienende.

Tipp
Es ist ratsam, mit Ihrem Steuerberater zu besprechen, inwieweit ein solcher Vertrag bei einer praktizierten nichtehelichen Lebensgemeinschaft anerkannt wird.

2.2 Folgen bei Trennung

Für den Bestand des Arbeitsverhältnisses ist der Bestand oder Nichtbestand der nichtehelichen Lebensgemeinschaft ohne Bedeutung. Will ein Partner nach einer Trennung den Arbeitsvertrag beenden, muss er die entsprechenden gesetzlichen Vorgaben beachten.

Trotz Vorliegen eines formalen Arbeitsverhältnisses muss im Falle einer Trennung eine gesonderte Prüfung vorgenommen werden. Es stellt sich dann nämlich immer die Frage, ob der abhängig beschäftigte Partner tatsächlich nur Arbeitnehmer sein sollte oder ob er – vor dem Hintergrund der bestehenden Beziehung – im Grunde genommen an den weitergehenden Früchten der gemeinsamen Arbeit beteiligt werden sollte.

Arbeitsvertrag oder Mitunternehmer

Wurde der Arbeitsvertrag ausschließlich abgeschlossen, um Steuervorteile zu nutzen und eine soziale Absicherung des Partners zu erreichen, könnte trotz des formal gegebenen Arbeitsverhältnisses ein Vermögensausgleich nach gesellschaftsrechtlichen Grundsätzen denkbar sein.

Für den Partner, der sich bislang als Arbeitgeber betrachtet hat, kann dies zu unliebsamen Überraschungen führen. Käme man im Rahmen einer Auseinandersetzung der Gemeinschaft nämlich dazu, dass in Wirklichkeit eine Mitunternehmerschaft (siehe S. 156) vorlag, hätte der bislang als Arbeitnehmer bewertete Partner unter Umständen einen Anspruch darauf, am Wert des Unternehmens oder dessen Ertrag, unabhängig vom Bestand des Arbeitsverhältnisses, beteiligt zu werden. Es könnte dann ein Ausgleichsanspruch in Bezug auf das gemeinsam aufgebaute Unternehmen bestehen. Durch die Hintertür entstünde damit eine Art Mitunternehmerschaft, die zu Abfindungs- und Ausgleichsansprüchen führen kann, die das Unternehmen bedrohen können.

Ausgleichsanspruch

3. Allgemeine Gestaltungshinweise und rechtliche Grundlagen

Vor dem Hintergrund, dass im Falle einer Trennung trotz Vorliegens eines formalen Arbeitsvertrages de facto von einer Mitunternehmerschaft ausgegangen werden könnte, sollten Sie sich darüber bewusst werden, ob ein Arbeitsvertrag den tatsächlichen Gegebenheiten entspricht. Beachten Sie deshalb folgende Punkte:

- Besteht tatsächlich Bedarf für den Abschluss eines Arbeitsvertrages?
- Wird die Arbeitsleistung angemessen vergütet?
- Erbringt der abhängig beschäftigte Partner Leistungen, beispielsweise auch finanzieller Art, die über die eines normalen Arbeitnehmers hinausgehen?
- Prüfen Sie nach, ob die Situation eines Arbeitgeber-/Arbeitnehmerverhältnisses wirklich den tatsächlichen Gegebenheiten gerecht wird.
- **Klare Verhältnisse** Haben Sie gegebenenfalls den Mut, für klare Verhältnisse zu sorgen, indem Sie den Arbeitsvertrag beenden und einen Gesellschaftsvertrag abschließen. Umgekehrt: Stellen Sie klar, dass einer der Partner lediglich abhängig beschäftigt ist, und reduzieren Sie dessen Engagement auf die Leistung eines Arbeitnehmers.
- Der Vorteil eines Arbeitsverhältnisses, wenn dieses erst nach Entstehen der nichtehelichen Lebensgemeinschaft zustande kommt, besteht natürlich darin, dass derjenige Partner, der Arbeitnehmer ist, sozial abgesichert ist, er ist automatisch Mitglied der gesetzlichen Krankenversicherung, erwirbt Rentenanwartschaften, hat gegebenenfalls Ansprüche auf Erwerbsunfähigkeitsrente sowie Rehabilitationsmaßnahmen.
- **Arbeitsvertrag** Durch den Abschluss eines Arbeitsvertrages bei Mitarbeit im Betrieb eines der beiden Partner kann ein wesentlicher Baustein im Hinblick auf eine eventuelle Altersvorsorge des abhängig beschäftigten Partners gewonnen werden.

- Im Übrigen müssen Sie sich natürlich über die Konsequenzen klar sein, die sich aus den arbeitsrechtlichen Normen für den Fall eines Scheiterns der nichtehelichen Lebensgemeinschaft ergeben.

4. Arbeitsverträge mit Dritten

Sofern Arbeitsverträge mit Dritten bestehen, spielt die nichteheliche Lebensgemeinschaft in der Regel allenfalls im Bereich von Vertragskündigungen eine Rolle. Grundsätzlich gilt hierbei, dass das Bestehen einer nichtehelichen Lebensgemeinschaft kein Kündigungsgrund ist.

Anders kann dies nur bewertet werden, wenn besondere Verhältnisse vorliegen, beispielsweise ein kirchlicher Arbeitgeber vorhanden ist. Wenn also das Eingehen einer nichtehelichen Lebensgemeinschaft religiösen und kirchlichen Moralvorstellungen in der konkreten Lebensumwelt widerspricht, kann ein Kündigungsrecht für den zum Beispiel kirchlichen Arbeitgeber bestehen. Gleiches gilt für Institutionen der Kirche oder der Kirche nahestehenden Institutionen wie beispielsweise kirchliche Privatschulen.

Kirchlicher Arbeitgeber

Es lässt sich hierfür keine allgemeine Faustregel aufstellen, da jeweils eine Einzelfallbetrachtung geboten ist. Sollten Sie doch für einen kirchlichen Arbeitgeber tätig sein und eine nichteheliche Lebensgemeinschaft eingehen wollen, sollten Sie vorher fachlichen Rat einholen.

5. Wenn die Partner einer nichtehelichen Lebensgemeinschaft ein Geschäft gemeinsam führen

5.1 Rechtslage

a) Mitunternehmertum und BGB-Gesellschaft

Denkbar ist auch, dass die Partner einer nichtehelichen Lebensgemeinschaft ein Geschäft gemeinsam führen.

Mit-
unternehmer

Es entsteht hierdurch eine Mitbeteiligung am Unternehmen. Gerade in kleineren Betrieben kann eine solche Mitbeteiligung bzw. eine solche Mitunternehmerschaft im Laufe der Zeit entstehen, wenn der eine Partner zunächst lediglich mitarbeitet und im Laufe der Zeit immer mehr in das Unternehmen eingebunden wird. Oft fehlt es in diesem Zusammenhang an einer ausdrücklichen Vereinbarung.

Bei Fehlen von Vereinbarungen können zur Schließung von Regelungslücken die Regeln einer bürgerlichen Gesellschaft (BGB-Gesellschaft) Anwendung finden. Dies ist dann denkbar, wenn die Partner ein Unternehmen gemeinsam aufbauen und durch beidseitig erbrachte Arbeitsleistungen oder finanzielle Investitionen zum Erfolg des Unternehmens beitragen. Das Unternehmen wäre dann als gemeinsam geschaffener Wert zu sehen.

BGB-Gesell-
schaft

Gleichzeitig läge eine BGB-Gesellschaft vor. Einzige Voraussetzung einer BGB-Gesellschaft ist, dass die Beteiligten einen gemeinsamen Zweck verfolgen, der in der Regel wirtschaftlicher Natur ist. Es ist nicht erforderlich, eine BGB-Gesellschaft bewusst zu gründen.

Da der Aufbau des Unternehmens nicht in unmittelbarem Zusammenhang mit der Verwirklichung der nichtehelichen Lebensgemeinschaft zu sehen ist, kann vom Vorliegen einer BGB-Gesellschaft ausgegangen werden. Ausreichend hierfür ist, dass die Partner einen über die Beziehung hinausreichenden gemeinsamen Zweck verfolgen.

Auch ohne Abschluss eines Gesellschaftsvertrages kommt die Heranziehung gesellschaftsrechtlicher Normen dann in jedem Falle in Betracht, sei es auch nur analog.

b) Gesellschaftsrechtliche Beteiligung

Es gibt auch die Möglichkeit, dass sich die Partner bewusst im beruflichen Bereich für eine gesellschaftsrechtliche Lösung entscheiden. Es kann zum Beispiel eine BGB-Gesellschaft, eine andere Personengesellschaft oder eine Kapitalgesellschaft wie etwa die GmbH gegründet werden. In der Folge finden selbstverständlich die spezialgesetzlichen

Normen des Gesellschaftsrechtes bzw. Handelsrechtes und GmbH-Rechtes Anwendung.

Ob die durch eine gesellschaftsrechtliche Beteiligung miteinander verbundenen Personen außerdem noch eine nichteheliche Lebensgemeinschaft haben, ist zunächst nicht weiter relevant.

5.2 Folgen

Für die Dauer des Zusammenlebens ergeben sich keine unmittelbaren Folgen. Sowohl bei einer unbewussten als auch bei einer bewussten gesellschaftsrechtlichen Beteiligung werden die beiden Partner im Interesse des gemeinsamen Vermögensaufbaus kooperieren und das Geschäft gemeinsam betreiben.

5.3 Folgen bei Trennung

Ganz anders stellt sich die Situation bei einer Trennung der Partner dar. Bei unzureichenden Regelungen kann eine Trennung ruinösen Charakter gewinnen.

a) BGB-Gesellschaft

Sollte eine BGB-Gesellschaft vorliegen, müssten in jedem **Abfindungs-** Falle im Rahmen einer Auseinandersetzung der Partner **ansprüche** Abfindungsansprüche bedacht werden, selbst wenn den Partnern das Bestehen der Gesellschaft nicht klar war.

Sollte keine spezielle Regelung vorliegen, käme automatisch das geltende Recht zur Anwendung, das eine Abfindung in Höhe des Verkehrswertes der Unternehmensbeteiligung vorsieht.

Dass hier Streitpotential vorprogrammiert ist, ist offenkundig. Insbesondere deshalb, weil die Bewertung eines Unternehmens nach dem Verkehrswert je nachdem, ob die Berechnungsmethode nach dem Verband Institut der Wirtschaftsprüfer und Steuerberater (IDW) vorgenommen wird oder nach den Grundsätzen der Rechtsprechung, extrem auseinanderklaffen kann. Es lässt sich allein wegen des Unternehmenswertes trefflich über Jahre hinweg streiten und im Übrigen Unmengen von Geld in teure Gutachten vergeuden.

Tipp Wenn eine gesellschaftsrechtliche Beteiligung den beiden Partnern bewusst ist und ein Gesellschaftsvertrag erstellt wird, ist anzuraten, diesen von einem Spezialisten prüfen bzw. formulieren zu lassen. Die zunächst günstigere Möglichkeit, den Gesellschaftsvertrag aus einem Rechtsformularbuch abzuschreiben, kann im Nachhinein kostspielig werden.

Gesellschafts-
vertrag
immer wieder
anpassen
Das Hinzuziehen eines Spezialisten ist deshalb erforderlich, weil in einem Gesellschaftsvertrag sehr dezidiert, gleichsam als Maßanzug, geregelt werden kann, wie die Abfindung eines ausscheidenden Gesellschafters zu errechnen und in welchen Raten diese zu bezahlen ist. Da diese Abfindungsklauseln jedoch immer wieder Gegenstand von Rechtsstreitigkeiten sind, muss ein Gesellschaftsvertrag in jedem Falle immer wieder angepasst werden, um eventuellen Änderungen der Rechtsprechung gerecht zu werden.

 Im Ergebnis bedeutet dies für Sie, dass Sie im Rahmen von gesellschaftsrechtlichen Beteiligungen im Trennungsfall mit erheblichen Abfindungszahlungen rechnen müssen. Im Übrigen könnte jeder Partner den anderen gegebenenfalls aus der Gesellschaft hinauskündigen.

5.4 Regelungsbedarf und Checkliste

Ausführliche
Besprechung
Aus den vorstehenden Erläuterungen ergibt sich, dass im Falle von gesellschaftsrechtlichen Beteiligungen eine ausführliche Besprechung zwischen den Partnern über die Folgen im Trennungsfall notwendig ist.

Sie sollten dafür sorgen, dass Sie einen Gesellschaftsvertrag haben, der als Maßanzug Ihren individuellen Bedürfnissen angepasst ist. Bei Änderung Ihrer Lebenssituation muss dieser Gesellschaftsvertrag selbstverständlich auch auf den Prüfstand und sollte gegebenenfalls überarbeitet werden.

Bedenken Sie auch eines: Durch geeignete Regelungen im Gesellschaftsvertrag können Sie sich mit Ihrem Partner wechselseitig für den Todesfall absichern. Damit kann ein Gesellschaftsvertrag sinnvoller Baustein einer stabilen Altersvorsorge sein.

Ihre gesellschaftliche Beteiligung ist auch ein Teil Ihres Vermögens, das es erbrechtlich zu regeln gilt.

Beachten Sie hierbei: Regelungen aus dem Gesellschaftsrecht gehen Regelungen aus dem Erbrecht vor. Dies bedeutet, dass Sie, wenn Sie eine gesellschaftsrechtliche Beteiligung beispielsweise Ihrem Partner zuwenden wollen, diese gemäß Gesellschaftsvertrag jedoch nur an eine Person übertragen werden kann, die eine bestimmte Qualifikation aufweist, Ihre erbrechtliche Verfügung ins Leere geht. Streitigkeiten sind vorprogrammiert. Insofern müssen Sie den Gesellschaftsvertrag immer mit dem Testament abgleichen.

Folgende Punkte sollten bei gesellschaftsrechtlichen Beteiligungen bedacht werden:

Gesellschafts-rechtliche Beziehungen

- Prüfen Sie, ob ein Mitunternehmertum gegeben ist. Wenn ja, tragen Sie dafür Sorge, einen wohl überlegten Gesellschaftsvertrag für eine BGB-Gesellschaft oder eine andere Handelsgesellschaft zu unterzeichnen.

- Wenn Sie bereits einen Gesellschaftsvertrag haben und über gesellschaftsrechtliche Beteiligungen verfügen: Sollte der Gesellschaftsvertrag nicht von einem Juristen erstellt sein, lassen Sie diesen schnellstmöglich überprüfen.

- Wenn der Gesellschaftsvertrag bereits mehrere Jahre alt ist: Lassen Sie ihn überprüfen!

- Selbst wenn der Gesellschaftsvertrag ursprünglich von einem Anwalt erstellt wurde: Auch wenn die nichteheliche Lebensgemeinschaft bzw. Übertragung der gesellschaftsrechtlichen Beteiligung an Ihren Partner zu einem späteren Zeitpunkt erfolgt sein sollte, lassen Sie Ihren Gesellschaftsvertrag im Hinblick auf die darin enthaltenen Nachfolgeklauseln überprüfen.

Abfindung bei Ausscheiden

- Prüfen Sie nach, wie eine Abfindung bei Ausscheiden eines Gesellschafters zu bezahlen ist (beispielsweise Ratenzahlung auf drei Jahre).

- Prüfen Sie nach, wie der Abfindungsbetrag bei Ausscheiden eines Gesellschafters zu berechnen ist (steuerlicher Wert, Buchwert, Verkehrswert etc.).

- Nehmen Sie gegebenenfalls Änderungen vor, um ruinöse Abfindungsansprüche bei Ausscheiden eines Gesellschafters zu vermeiden.

- Nehmen Sie einen Abgleich zwischen bestehenden letztwilligen Verfügungen und bestehenden Gesellschaftsverträgen vor! Sollten letztwillige Verfügungen und Gesellschaftsvertrag nicht zusammenpassen: Fragen Sie einen Spezialisten um Rat.

- Halten Sie mit Ihrem Steuerberater Rücksprache, wie hoch der Verkehrswert Ihres Unternehmens schätzungsweise ist, um sich über den Liquiditätsbedarf im Falle der Notwendigkeit der Auszahlung von Abfindungsguthaben bereits jetzt klar zu sein.

- Halten Sie gegebenenfalls Rücksprache mit der Bank und treffen Sie Vorsorge für den Fall, dass Abfindungsansprüche realisiert werden sollten (beispielsweise durch zusätzliche Versicherungsverträge, Rückstellungen in der Bilanz etc.).

Kapitel 9
Sicherheit bei Versicherungen

Lucy hat sich einen lang gehegten Wunsch erfüllt und von ihren Ersparnissen einen Sportwagen gekauft. Gemeinsam mit ihrem Partner Schröder unternimmt sie eine Probefahrt in den Schwarzwald. Auf dem Rückweg soll auch Schröder in den Genuss des neuen Sportwagens kommen und, als Ausnahme, das Fahrzeug lenken dürfen. Ohne einen Fahrfehler von Schröder kommt es an einer kurvigen Stelle zu einem Zusammenstoß mit einem anderen Fahrzeug. Hierbei wird der neue Wagen schwer beschädigt, und das andere Unfallauto erleidet einen Totalschaden.

Fallbeispiel

Bei dem vorgenommenen Zwischenstopp hat Schröder reichlich Alkohol konsumiert. Infolge des Alkoholkonsums kommt er von der Fahrbahn ab und stößt mit einem Nadelbaum zusammen. Hierbei wird nicht nur das Fahrzeug beschädigt, sondern auch Lucys funkelnagelneue Sonnenbrille, die sie sich extra für die Fahrt gekauft hat. Außer leichten Schürfwunden erleiden Schröder und Lucy jedoch keine Verletzungen.

Fallvariante

1. Allgemeine Grundsätze des Versicherungsrechtes

1.1 Wer wird Vertragspartner?

Für jeden Vertrag gilt, dass grundsätzlich sämtliche Rechte und Pflichten aus einem abgeschlossenen Vertrag nur die unmittelbar hieran beteiligten Personen betreffen.

Im Versicherungsrecht bedeutet dies, dass nur der Versicherungsnehmer auf der einen Seite und die Versicherungsgesellschaft auf der anderen Seite wechselseitigen

Rechten und Pflichten unterliegen. Beispielsweise ist nur der Versicherungsnehmer verpflichtet, die Versicherungsbeiträge zu bezahlen oder eine Schadensmeldung unmittelbar vorzunehmen. Umgekehrt ist die Versicherungsgesellschaft auch lediglich ihrem Vertragspartner gegenüber verpflichtet, Leistungen zu erbringen. Weder durch die Begründung einer nichtehelichen Lebensgemeinschaft noch durch das Eingehen einer Ehe oder anderweitiger außervertraglicher Umstände wird eine dritte Person automatisch durch irgendeinen Lebenssachverhalt in einen Vertrag derart einbezogen, dass sie selbst Vertragspartner wäre. Vertragspartner kann also immer nur derjenige sein, der selbst an der vertraglichen Urkunde beteiligt wurde.

1.2   Welche Auswirkungen hat die Repräsentantenstellung?

Definition   Teilweise gilt im Bereich von Versicherungsverträgen die Besonderheit, dass es sogenannte Repräsentanten gibt. Repräsentanten sind Personen, die stellvertretend für den Versicherungsnehmer Rechte und Pflichten im Hinblick auf den versicherten Gegenstand wahrnehmen. Hierbei ist maßgeblich, dass der versicherte Gegenstand bzw. die versicherte Sache nicht nur kurzfristig, sozusagen ausnahmsweise, dem Repräsentanten überlassen wird, sondern Letzterer in einem gewissen Umfang selbstständig anstelle des Versicherungsnehmers handeln darf. Die Frage, ob eine Person Repräsentant ist oder nicht, ist stets eine Einzelfallfrage.

Folge   Die Folge der Repräsentantenstellung besteht insbesondere darin, dass alle Obliegenheitsverletzungen durch den Repräsentanten so behandelt werden, als hätte diese der Versicherungsnehmer selbst begangen.

Im Fallbeispiel ist Schröder nicht Repräsentant von Lucy, da er das Fahrzeug nur ausnahmsweise fahren durfte. Wären Schröder und Lucy sich jedoch einig gewesen, dass Schröder das Fahrzeug regelmäßig nutzen darf, wann immer er das will, und er sich deshalb auch an der Versicherung und der Steuer kostenmäßig beteiligt, könnte eine Repräsentantenstellung vorliegen. In diesem Falle könnte es bei der Abwicklung des Schadens mit der Haftpflicht- bzw. Vollkaskoversicherung Probleme geben. In der Fallvariante ist der Unfall durch den Alkoholgenuss von Schröder verursacht worden. Wäre Lucy selbst alkoholisiert gefahren, könnte dies zum Ausschluss ihres Versicherungsschutzes führen. Gleiches gilt, wenn der als Repräsentant eingestufte Schröder betrunken Auto fährt.

Hinsichtlich der Repräsentanteneigenschaft ist es wichtig, sich klar zu machen, dass weder durch die Schließung einer Ehe noch durch die Begründung einer nichtehelichen Lebensgemeinschaft die Repräsentantenstellung begründet wird. Maßgeblich ist vielmehr immer, dass die als Repräsentant eingestufte Person befugt ist, hinsichtlich der versicherten Gegenstände in einem mehr als geringfügigen, somit nicht ganz unbedeutenden Umfang selbstständig zu handeln.

1.3 Begünstigung durch das Familienprivileg?

Im Zusammenhang mit Schadensersatzansprüchen besteht eine weitere Besonderheit des Versicherungsrechts.

In den Fällen, in denen die versicherte Person durch einen Dritten schuldhaft geschädigt wird, hat der Versicherungsnehmer gegen diesen Dritten einen direkten Schadensersatzanspruch. Wird der Schaden jedoch infolge des Versicherungsvertrages direkt von der Versicherung des Geschädigten übernommen (beispielsweise bei einer Körperverletzung die Arztkosten durch die Krankenversicherung oder bei Beschädigung von Hausratgegenständen der Schadensausgleich durch die Hausratversicherung des Geschädigten), geht dieser Schadensersatzanspruch auf die Versicherung, die den Schaden ausgeglichen hat, kraft Gesetzes über. Das bedeutet, dass die Versicherung den Geldbetrag, den sie an den Geschädigten zum Ausgleich gezahlt hat, vom Schädiger zurückverlangen kann. Hintergrund ist die Überlegung, dass ein Schädiger, der eigentlich auf Schadensersatz in Anspruch genommen werden kann, durch die Tatsache, dass der Geschädigte eine

Ausgangssituation: Regress der Versicherung beim Schädiger

Versicherung hat, die für seinen Schaden aufkommt, nicht privilegiert werden darf.

Definition Familien- privileg
Das Familienprivileg ist die Ausnahme von diesem Grundsatz. Es bedeutet, dass der Versicherer keinen Rückgriff beim Schädiger nehmen darf. Schädigt beispielsweise der Ehemann seine Ehefrau, indem er einen ihr gehörenden Hausratsgegenstand zerstört, muss die Hausratversicherung der Ehefrau hierfür aufkommen, ohne dass sie beim Ehemann Regress nehmen kann.

Kein Regress
Hintergrund dieser Regelung ist, dass zum einen der Familienfriede hierdurch geschützt werden soll. Zum anderen ist aber vor allem zu beachten, dass der Sinn der Versicherung bei einem Regress vollkommen leerlaufen könnte. Denn durch den Regressanspruch gegenüber dem Schädiger würde der Geschädigte, beispielsweise wenn es eine gemeinsame Familienkasse gibt, letztendlich wieder für seinen Schaden selbst aufkommen. Dies widerspricht dem Sinn und Zweck eines Versicherungsvertrages vollständig, weshalb das sogenannte Familienprivileg logische Folge der Grundintention, einen Versicherungsvertrag abzuschließen, sein muss.

Bislang nicht eindeutig geklärt ist allerdings, ob der Partner einer nichtehelichen Lebensgemeinschaft in den Schutz dieses Familienprivilegs aufgenommen wird. Bislang fehlt es an einer Entscheidung des Bundesgerichtshofs, in der dieser das Familienprivileg direkt oder zumindest im übertragenen Sinne auf den Partner einer nichtehelichen Lebensgemeinschaft angewandt hätte.

 Zentraler Begriff für die Anwendung des Familienprivilegs ist der Begriff des Familienangehörigen. Ob der Partner einer nichtehelichen Lebensgemeinschaft als Familienangehöriger einzustufen ist oder nicht, ist nicht eindeutig geklärt. Unter Juristen gibt es hierzu keine eindeutige Ansicht, so dass eine gewisse Rechtsunsicherheit besteht.

Folge
Würde in der Fallvariante also die Vollkaskoversicherung die Schadensregulation übernehmen, könnte sie in voller

Höhe Regress bei Schröder nehmen, wenn dieser nicht durch das Familienprivileg begünstigt wird.

2. Einzelne Versicherungsarten

2.1 Gesundheitliche Risiken

Für sämtliche Versicherungen, die darauf zielen, gesundheitliche Risiken des Versicherungsnehmers abzudecken, gilt, dass nur der eigentliche Vertragspartner Versicherungsschutz genießt.

Dies bedeutet, dass hinsichtlich von Kranken- und Pflegeversicherung, Berufunfähigkeitsversicherung und Unfallversicherung jeder Partner selbst für seinen Versicherungsschutz sorgen muss. Der Bestand oder Nichtbestand einer nichtehelichen Lebensgemeinschaft hat in diesem Kontext keine Relevanz.

Gleiches gilt für die gesetzliche Krankenversicherung, bei der lediglich die Kinder der nichtehelichen Partner bei einem von diesen mitversichert sind.

2.2 Haftpflichtversicherung

Verfügt eine Person über eine private Haftpflichtversicherung, sind in der Regel alle Angehörigen, die mit dieser Person in einer häuslichen Gemeinschaft leben, in den Versicherungsvertrag integriert. Das heißt, auch sie genießen Versicherungsschutz für alle Schäden, die sie verursachen.

Grundsatz

Für die Frage, ob der Partner einer nichtehelichen Lebensgemeinschaft den Versicherungsschutz einer privaten Haftpflichtversicherung genießt, ist – ähnlich wie beim Familienprivileg – maßgeblich, ob der Lebenspartner als Familienangehöriger im versicherungsrechtlichen Sinne zu sehen ist oder nicht.

Geht man davon aus, dass der Partner in den Versicherungsvertrag einbezogen ist, hat dies Folgen für Ersatzansprüche in all den Fällen, in denen der in den Vertrag

Einbeziehung des Partners

einbezogene Partner den anderen Partner schädigt. Lässt der Ehemann beispielsweise auf einer Schifffahrt die Sonnenbrille seiner Frau aus Versehen ins Wasser fallen, kommt die Haftpflichtversicherung hierfür immer dann nicht auf, wenn er als Partner in den Privathaftpflichtvertrag einbezogen ist. Denn alle Ansprüche, die Angehörige als Schädiger der versicherten Person zufügen, sind ausgeschlossen.

Keine Einbe-
ziehung des
Partners

Ist man demgegenüber jedoch der Ansicht, dass der Partner einer nichtehelichen Lebensgemeinschaft kein Angehöriger im versicherungsrechtlichen Sinne ist, hat dies zwei Konsequenzen: Zunächst, das ist das Wichtigste, muss der Partner eine eigene Haftpflichtversicherung abschließen. Zum Zweiten kann dann aber der geschädigte Partner in jedem Falle auch Schadensersatz verlangen.

Tipp

Da es also davon abhängt, ob der Partner einer nichtehelichen Lebensgemeinschaft als Familienangehöriger in den Versicherungsvertrag einbezogen ist oder nicht, muss dies unbedingt mit der jeweiligen Versicherungsgesellschaft geklärt und gegebenenfalls der Partner ausdrücklich in den Vertrag aufgenommen werden.

Unnötige
Doppel-
versicherung

Haben beide Partner eine eigene Haftpflichtversicherung, muss mit der jeweiligen Gesellschaft geklärt werden, ob der Partner der nichtehelichen Lebensgemeinschaft in den Vertrag des anderen einbezogen ist oder nicht. Denn in dem Falle, in dem eine Versicherungsgesellschaft dies bejaht, liegt eine unnötige Doppelversicherung der Partner vor.

Im Falle einer Trennung der Partner darf selbstverständlich die erneute Prüfung der Haftpflichtversicherung nicht übersehen werden. Bestanden stets zwei Versicherungsverträge, ergeben sich durch die Trennung der Partner keinerlei Folgen. Bestand jedoch nur ein Versicherungsvertrag, in den der andere Partner einbezogen war, muss die Trennung der Versicherung mitgeteilt werden und der dann nicht mehr einbezogene Partner erneut eine eigene Haftpflichtversicherung abschließen.

2.3 Was ist bei einer Hausratversicherung zu beachten?

Versicherter Gegenstand einer Hausratversicherung ist grundsätzlich immer der gesamte in einem Haushalt befindliche Hausrat. Hierbei spielt es keine Rolle, in wessen Eigentum dieser Hausrat steht. Maßgeblich ist, dass es sich um Gegenstände der Haushaltseinrichtung handelt, die zum allgemeinen Gebrauch verwandt werden.

Versicherte Gegenstände

Ziehen also zwei Personen zusammen und begründen eine nichteheliche Lebensgemeinschaft, sind alle Gegenstände, die der eine Partner zum anderen mitbringt, automatisch in der Hausratversicherung des anderen Partners mitversichert.

Haben beide Partner, bevor sie zusammenziehen, eine eigene Hausratversicherung, muss bei Zusammenzug darauf geachtet werden, dass ein Antrag auf Beseitigung der Doppelversicherung bei Zusammenzug gestellt wird.

Tipp

Darüber hinaus ist es wichtig, eventuell die Versicherungssumme zu korrigieren. Durch den Zusammenzug wird sich der Wert des Hausrates regelmäßig erhöhen, sodass dann auch der Versicherungsvertrag zwingend angepasst werden muss.

2.4 Welche Besonderheiten gibt es bei der Kraftfahrzeughaftpflichtversicherung?

Da im Bereich der Kraftfahrzeughaftpflichtversicherung nicht auf die Eigenschaft des Familienangehörigen abgestellt wird, ist der Partner einer nichtehelichen Lebensgemeinschaft sowohl als Fahrer als auch als Beifahrer grundsätzlich als mitversicherte Person im Rahmen der Haftpflichtversicherung zu sehen. Im Fallbeispiel ist deshalb Schröder in jeder Variante in die Haftpflichtversicherung von Lucy mit einbezogen.

Wer ist versichert?

Eine Besonderheit gilt allerdings immer dann, wenn derjenige Partner, der Versicherungsnehmer ist, durch das Fahrverhalten seines Partners einen Schaden erleidet. In diesem Fall können nur persönliche Ansprüche gegen den

Einschränkungen

Partner, somit Schmerzensgeldansprüche, realisiert werden. Schadensersatzansprüche für Sach- und Vermögens-
schäden können nicht beansprucht werden. Deshalb kann
Lucy über die Haftpflichtversicherung keinen Schadensersatz für die zerbrochene Brille verlangen.

Familien-
privileg
Sofern eine Vollkaskoversicherung für die Schäden am
Fahrzeug aufkommt, gewinnt neuerlich das Familienprivileg (siehe S. 163 ff.) Bedeutung. Es ist dann wiederum
maßgeblich, ob der Lebenspartner als Familienangehöriger einzustufen ist oder nicht. Ist dies nicht der Fall, kann
die Vollkaskoversicherung Regressansprüche gegenüber
dem schädigenden Partner geltend machen.

Repräsentant
Und: Wenn der Partner, der den Schaden vorsätzlich oder
grob fahrlässig verursacht hat, zugleich Repräsentant (siehe S. 162 f.) ist, reguliert auch die Vollkaskoversicherung
den Schaden nicht. In der Fallvariante könnte es somit zu
erheblichen Schwierigkeiten bei der Schadensregulierung
kommen, da Schröder nach Alkoholkonsum gefahren ist.

2.5 Gilt eine Rechtsschutzversicherung für beide Partner?

Kein auto-
matischer
Versiche-
rungsschutz
Auch hinsichtlich der Rechtsschutzversicherung gilt, dass
der Partner einer nichtehelichen Lebensgemeinschaft nicht
automatisch in den Versicherungsschutz einbezogen wird.
Insofern muss im Einzelfall bei der jeweiligen Versicherungsgesellschaft nachgefragt werden, ob der Partner in
den Versicherungsvertrag einbezogen werden kann.

Verfügen beide Partner über eine Rechtsschutzversicherung, muss im Falle des Zusammenzuges ebenfalls, wie
bei der Hausratversicherung und der Haftpflichtversicherung, Rücksprache mit den Versicherungsgesellschaften
gehalten werden, um eine Entscheidung treffen zu können,
ob einer der Versicherungsverträge wegen Doppelversicherung aufgehoben werden soll oder nicht.

2.6 Bezugsberechtigte in der Lebensversicherung

Betreffend Lebensversicherungen gelten keine Besonderheiten. Ist nur einer der beiden Partner Versicherungsnehmer, erhält er im Erlebensfalle regelmäßig als Bezugsberechtigter den Versicherungsbetrag ausbezahlt.

Allgemeine Grundsätze

Im Zusammenhang mit der Absicherung im Falle des Versterbens eines der beiden Partner können Lebensversicherungen ein stabiler Baustein sein. Der Lebenspartner kann als Bezugsberechtigter der Lebensversicherung vorgesehen werden.

Tipp

Im Trennungsfalle ergeben sich keine Besonderheiten, da der Bezugsberechtigte dann auch einseitig durch denjenigen, der den Versicherungsvertrag abgeschlossen hat, abgeändert werden kann.

Der Vorteil einer Lebensversicherung in Zusammenhang mit erbrechtlichen Überlegungen besteht darin, dass der bezugsberechtigte Partner, der durch die Versicherung des anderen Partners begünstigt wird, diesen Betrag gleichsam am Nachlass und vielen erbrechtlichen Problemen vorbei erhält. Allerdings muss der Betrag versteuert werden.

Eine Variante hierzu stellt die Konstellation dar, dass derjenige, der bezugsberechtigt ist, auch der Versicherungsnehmer ist, während das versicherte Risiko der Tod des Lebenspartners ist.

Variante

Im Todesfalle entsteht dann ein Bezug aus der Lebensversicherung, der steuerlich günstiger sein kann als in der anderen Fallvariante. Allerdings ist ein solcher Vertrag im Trennungsfalle bindender und schwieriger zu regeln als die »klassische« Variante, in der derjenige, der die Beiträge bezahlt, Versicherungsnehmer und Bezugsberechtigter im Erlebensfall ist und im Todesfall der Partner die Bezugsberechtigung erhält.

3. Folgen

Insbesondere für alle Versicherungen, die im Bereich des Gesundheitswesens angesiedelt sind bzw. das gesundheitliche Risiko im weitesten Sinne abdecken sollen, ist die Frage, ob eine nichteheliche Lebensgemeinschaft besteht, nicht relevant. Bei anderen Versicherungen dagegen spielt diese Frage für einen eventuellen Ausschlusstatbestand eine Rolle (Repräsentant, siehe S. 162 f.).

Antrag auf Aufhebung der Versicherung

Daneben ist jedoch bei Begründung wie auch bei Trennung einer nichtehelichen Lebensgemeinschaft darauf zu achten, ob der jeweilige Partner in bereits bestehende Versicherungen einbezogen ist oder nicht. Wenn ja, kann ein Antrag auf Aufhebung der Versicherung wegen Doppelversicherung gestellt werden, was insbesondere im Bereich Hausrat-, Haftpflicht- und Rechtsschutzversicherung sinnvoll ist.

Tipp

Es ist ratsam, sowohl zu Beginn als auch zum Ende einer nichtehelichen Lebensgemeinschaft mit den jeweiligen Versicherungsgesellschaften Rücksprache zu halten und die Verträge gegebenenfalls anzupassen, um nicht unnötige Versicherungsbeiträge wegen Doppelversicherung zu bezahlen oder gegebenenfalls ohne Versicherungsschutz dazustehen.

Im Rahmen von versicherungsrechtlichen Fragen sollten folgende Punkte beachtet werden:

Versicherungsrechtliche Fragen

● Verfügt jeder Partner über eine Haftpflichtversicherung?
Sollte dies der Fall sein ist mit den jeweiligen Versicherungsgesellschaften zu klären, ob eine Einbeziehung des Partners möglich ist. Ist eine solche Einbeziehung möglich oder sogar vom Versicherungsvertrag her selbst vorgesehen, kann/muss die Doppelversicherung beseitigt werden.
Sollte die Einbeziehung nicht möglich sein, muss darüber entschieden werden, ob die Partner diese Situation

so aufrechterhalten wollen oder ob eine gemeinsame Haftpflichtversicherung angestrebt wird.

- Hinsichtlich der Hausratversicherung ist zu überprüfen, ob eine Doppelversicherung besteht, die zu kündigen wäre. **Hausrat-versicherung**

- Überprüfen Sie grundsätzlich regelmäßig, ob der angegebene Wert des Hausrates noch der aktuellen Lebenssituation entspricht.

- Halten Sie Rücksprache mit Ihrer Rechtsschutzversicherung, ob Ihr Lebenspartner in den Vertrag mit einbezogen ist oder nicht.

- Klären Sie mit Ihrer Versicherungsgesellschaft ab, insbesondere mit Ihrer Kraftfahrzeughaftpflichtversicherung, ob Ihr Partner aufgrund der gegebenen Nutzungsbefugnisse als Repräsentant im versicherungsrechtlichen Sinne beurteilt wird. **Kfz-Haftpflicht-versicherung**

- Klären Sie im Übrigen auch ab, insbesondere mit Ihrer Kaskoversicherung, ob das Familienprivileg von der Versicherungsgesellschaft für Ihren Partner anerkannt wird.

- Bestehen Lebensversicherungen und ist deren Struktur optimal angepasst?

Kapitel 10
Wer haftet für Schulden?

Fallbeispiel

Der erfolgreiche Reiseunternehmer Odysseus lebt seit vielen Jahren mit Penelope zusammen. Im Rahmen ihrer Lebensplanung hat Penelope immer nur geringfügige Beschäftigungen ausgeübt (Minijobs) und sich sonst um den gesamten Haushalt und den gemeinsamen Sohn, der mittlerweile aus dem Haus ist, gekümmert.

Insofern war Odysseus, dessen auf Mittelmeerkreuzfahrten spezialisiertes Unternehmen beständig floriert, stets der Hauptverdiener in der Beziehung.

Dennoch haben die beiden zwei große Kreditverträge gemeinsam unterschrieben. Mit einem der Kredite wurde das von beiden gemeinsam bewohnte Einfamilienhaus finanziert, das im Miteigentum von Odysseus und Penelope steht. Der Kredit ist mittlerweile fast vollständig abbezahlt.

Mit dem zweiten Kredit wurde auf Penelopes Wunsch ein Oldtimer angeschafft, der von jeher immer nur von Penelope genutzt wurde und dessen Eigentümerin auch nur Penelope ist.

Aufgrund der beruflichen Verpflichtungen von Odysseus ist dieser ständig unterwegs, weshalb Penelope schließlich des permanenten Wartens auf Odysseus müde wird und sich trennt.

Der zutiefst gekränkte Odysseus will sich dies nicht gefallen lassen und sinnt darauf, zumindest finanziell Druck auf Penelope auszuüben. Er verlangt über seinen Anwalt Hades die Rückzahlung aller von ihm erbrachten hälftigen Darlehensbeträge.

1. Allgemeiner Grundsatz zu Schulden des nichtehelichen Partners

Weder durch eine Ehe noch durch eine nichteheliche Lebensgemeinschaft entsteht eine Verpflichtung, für Schulden des Partners zu haften. Es gibt keine Haftungsautomatik.

Bestehen also Verbindlichkeiten, haftet hierfür nur derjenige, der den jeweiligen Kreditvertrag unterschrieben hat. Der Bestand oder Nichtbestand einer nichtehelichen Lebensgemeinschaft ist ohne jede Relevanz.

2. Wer haftet für Kredite?

2.1 Rechtliche Ausgangslage

a) Folgen eines gemeinsam unterschriebenen Kreditvertrages

Für Schulden haftet nur derjenige, der sie begründet. Gehen allerdings die Partner einer nichtehelichen Lebensgemeinschaft gemeinsam eine Kreditverbindlichkeit ein, haften auch beide für die entstandenen Schulden. Dies gilt für jede Form von Kredit, somit also für Bankkredite, Ratenkaufverträge, Leasingverträge etc.

In diesen Fällen entsteht eine gesamtschuldnerische Haftung. Dies bedeutet, dass der Gläubiger der Forderung, regelmäßig also die Bank oder der Leasinggeber bzw. Verkäufer, einen Anspruch auf Rückzahlung der überlassenen Gelder hat. Dieser Anspruch steht dem Kreditgeber gegen jeden, der den Kreditvertrag unterschrieben hat, in voller Höhe zu. **Gesamtschuldner**

Haben die Partner also einen gemeinsamen Kreditvertrag unterschrieben und intern vereinbart, dass jeder die Hälfte der monatlichen Raten erbringen soll, ist dies ohne jede Außenwirkung. Wird einer der Partner zahlungsunfähig, haftet automatisch der andere Lebenspartner auf diesen fehlenden Betrag.

Der Kreditgeber kann sich grundsätzlich immer aussuchen, wen er auf Rückzahlung des gewährten Darlehens in Anspruch nimmt. Interne Vereinbarungen spielen hier keine Rolle.

b) Wenn nur einer der Schuldner den gemeinsam aufgenommenen Kredit zurückbezahlt

Allgemeiner Grundsatz: Innenausgleich

Im Innenverhältnis kommt nach allgemeinen Regeln der sogenannte Gesamtschuldnerausgleich zum Tragen. Immer dann, wenn mehrere Personen in der Form für eine Verbindlichkeit haften, dass der Gläubiger entweder den einen oder den anderen in Anspruch nehmen kann, gewährt das Gesetz Ausgleichsansprüche. Sofern keine anderweitige Regelung zwischen den betroffenen Gesamtschuldnern vereinbart wurde, gilt der sogenannte interne Gesamtschuldnerausgleich. Bezahlt also nur einer der Schuldner den Forderungsbetrag vollständig zurück, kann er in Höhe der Hälfte dieses Forderungsbetrages internen Ausgleich verlangen und diesen auch gerichtlich durchsetzen. Grundidee ist dabei, dass alle Gesamtschuldner im Endergebnis mit der gleichen Quote für die eingegangene Verbindlichkeit aufkommen sollen. Das heißt, das Bedienen der Verbindlichkeiten im Außenverhältnis soll intern ausgeglichen werden (Gesamtschuldnerausgleich).

2.2 Folgen

Außenverhältnis

Der Bestand oder Nichtbestand einer nichtehelichen Lebensgemeinschaft hat für Kreditverträge keinerlei Außenwirkungen.

Innenverhältnis

Demgegenüber kann es von Relevanz für eventuelle interne Ausgleichsansprüche sein, wer die geschuldeten Rückzahlungsbeträge tatsächlich erbringt. Da hinsichtlich von gemeinsam unterschriebenen Kreditverträgen eine Gesamtschuldnerschaft besteht, hat bei Fehlen anderweitiger Vereinbarungen derjenige Partner, der den Kredit bedient, per Gesetz an sich einen Ausgleichsanspruch gegen den anderen Partner.

Betrugen die Kosten für das Haus beispielsweise 300.000 Euro, könnte Odysseus für dieses Darlehen, das er aus seinem Einkommen bezahlt hat, von Penelope normalerweise einen Ausgleichsanspruch in Höhe der Hälfte des Darlehens, hier also 150.000 Euro, verlangen.

Wenn es zur Trennung kommt und es keinerlei Regelungen zwischen den Partnern gibt, ist hinsichtlich der Folgen im Innenverhältnis maßgeblich, ob der vorstehend dargestellte Grundsatz des gesamtschuldnerischen Innenausgleiches Anwendung finden kann.

Ausnahme vom Gesamtschuldnerausgleich

Nach ständiger Rechtssprechung ist dies in der Regel nicht der Fall. Im Fallbeispiel hat dies zur Konsequenz, dass Odysseus gegen Penelope keinerlei Ansprüche wegen des Darlehens für das gemeinsame Einfamilienhaus erheben kann.

Denn: Besteht ein gemeinsamer Kredit, gilt der allgemeine Grundsatz, dass alle wirtschaftlichen (und natürlich auch persönlichen) Leistungen, die im Interesse der bestehenden Lebensgemeinschaft getätigt werden, nach Beendigung der Beziehung für die Vergangenheit nicht ausgeglichen werden.

Haben also beide einen Kreditvertrag unterschrieben, um gemeinsam genutzte Wirtschaftsgüter anzuschaffen, und hat während des Bestehens der nichtehelichen Lebensgemeinschaft nur einer der Partner den Kreditvertrag bedient, kann er nach Trennung nicht auf Grundlage der Regelung des Gesamtschuldnerausgleiches den hälftigen Betrag zurückverlangen oder die Zahlungen einstellen.

Etwas anderes gilt in jedem Fall dann, wenn die Partner der nichtehelichen Lebensgemeinschaft eine interne Vereinbarung hinsichtlich der Schuldenlast getroffen haben.

Interne Vereinbarungen

Sicherheit bietet nur eine schriftliche Vereinbarung, die für Klarheit sorgt.

Hätten Odysseus und Penelope eine schriftliche Vereinbarung darüber getroffen, dass hinsichtlich des von Odysseus allein bezahlten Darlehens er keine Ausgleichsansprüche gegen Penelope erheben könne, wäre Odysseus von vornherein bewusst gewesen, dass er von Penelope auch im Trennungsfall keine Geldzahlungen erwarten kann.

Ausnahme, wenn nur einer den Gegenstand nutzt

Eine Ausnahme hiervon kann lediglich dann gemacht werden, wenn ein Wirtschaftsgut angeschafft wurde, wie im Beispielfall der Oldtimer, den nur einer der Partner nutzt.

Es gibt auch für die in der Vergangenheit erbrachten Leistungen für den zahlenden Partner keinerlei Ausgleich, da dann wieder der Rechtsgrundsatz gilt, dass Leistungen, die auf Grundlage der Lebensgemeinschaft erbracht wurden, nicht ausgleichspflichtig sind.

Wenn aber der Partner weiterhin den Kredit allein bedient, kann er für die *zukünftigen* Raten einen Ausgleich verlangen. Sofern also der Kredit für den Oldtimer noch nicht abbezahlt ist, kann Odysseus von Penelope verlangen, dass er für die zukünftigen Raten einen Ausgleich erhält.

Beachten Sie hierbei aber immer: Derjenige Partner, der die Ausgleichszahlung erhalten will, muss die Voraussetzungen beweisen. Voraussetzung ist immer, dass der Kredit im alleinigen Interesse eines Partners aufgenommen wurde und der hieraus resultierende Vermögensvorteil, in unserem Beispiel das Fahrzeug, sich im Eigentum des anderen Partners befindet.

Faustregel

Zusammengefasst gilt als Faustregel, dass ein Kredit, der für Zwecke der Lebensgemeinschaft aufgenommen wurde, weder für die Vergangenheit noch für die Zukunft demjenigen Partner, der diesen zum größeren Anteil oder sogar allein zurückführt, einen Ausgleichsanspruch gegen den anderen Partner gewährt!

Wird ein Kredit demgegenüber im alleinigen Interesse eines Partners aufgenommen und kann dies auch nachgewiesen werden, kann der andere Partner, der nach der Trennung den Kredit weiter bedient, zumindest für die Raten ab der Trennung einen Ausgleich verlangen.

Beachten Sie in diesem Zusammenhang, dass bei der Anschaffung von Gegenständen für den gemeinsamen Haushalt ein Ausgleichsanspruch auch dann nicht entsteht, wenn der Gegenstand nach der Trennung bei dem einen

Partner verbleibt und der andere die Kreditraten weiter bezahlt, was beispielsweise bei Ratenkäufen häufig der Fall sein kann.

2.3 Regelungsbedarf und Checkliste

Vor diesem Hintergrund sollte im Rahmen einer Kreditaufnahme immer geklärt werden, zu wessen Gunsten der Kredit aufgenommen wird, mit welcher Quote der Kredit von den Partnern bedient wird und wer im Falle der Trennung Nutznießer des angeschafften Gegenstandes bzw. Nutznießer der Kreditfinanzierung in der Vergangenheit war und zukünftig sein soll.

Hüten Sie sich jedoch davor, bei jeder einzelnen Anschaffung über eventuelle Ersatzansprüche zu diskutieren. Wägen Sie immer ab, ob zwar ein Partner durch einen aufgenommenen Kredit und das damit angeschaffte Wirtschaftsgut begünstigt wird, aber andererseits der andere Partner im alltäglichen Lebensbedarf höhere Aufwendungen erbringt oder aufgrund der individuellen Lebensstruktur, beispielsweise durch Kinderbetreuung, einen anderen Beitrag leistet, der mit Sicherheit der Bezahlung eines Kredites die Waage hält. **Tipp**

Sie sollten in jedem Falle auch immer regeln, wenn mit einem gemeinsamen Kredit ein Wirtschaftsgut angeschafft wird, wem dieses im Trennungsfalle gehört und wer im Falle der Trennung die Raten weiter bedient.

Sofern Sie also im Rahmen einer nichtehelichen Lebensgemeinschaft Kreditverträge abschließen wollen oder solche bereits abgeschlossen haben, müssen Sie sich über folgende Punkte Klarheit verschaffen:

- Sofern nur einer der Partner den Kreditvertrag unterschrieben hat, sollten Sie überprüfen, ob die allein bestehende Haftung dieses Partners Ihren tatsächlichen Interessen entspricht. **Ein Kreditnehmer**

- Sollte dies nicht der Fall sein, können Sie entweder eine entsprechende interne Vereinbarung treffen oder gegenüber der Bank einen sogenannten Schuldbeitritt

Schuldbeitritt   erklären. Die Folge ist dann aber, dass der beitretende Partner für den verbliebenen Kredit im Zweifel in voller Höhe haftet. Es ist nicht möglich, nur mit einer bestimmten Quote im Außenverhältnis die Haftung zu übernehmen!

Gemeinsamer Kredit
- Sollten Sie einen gemeinsamen Kredit haben, machen Sie sich klar, dass im Zweifel jeder für die gesamte Höhe der Schulden haftet. Sie können dies durch eine interne Vereinbarung nicht verhindern.

Interne Vereinbarung
- Treffen Sie in jedem Falle eine interne schriftliche Vereinbarung darüber, mit welcher Quote jeder von Ihnen an der Rückführung der Schulden beteiligt werden soll. So erreichen Sie zumindest, dass interne Ausgleichsansprüche in jedem Falle realisiert werden können.

- In jedem Falle müssen Sie eine schriftliche Vereinbarung treffen, wenn die interne Haftungsverteilung nicht dem gesetzlichen Regelfall von 50 Prozent entsprechen soll.

- Weiterhin benötigen Sie in jedem Falle auch dann eine schriftliche Vereinbarung, wenn im Außenverhältnis zwar beide den Kreditvertrag unterschrieben haben, jedoch aufgrund interner Absprachen nur einer der Partner tatsächlich den Kredit zurückführen soll.

- Scheuen Sie hier nicht vor einer präzisen vertraglichen Regelung und einer offenen Aussprache zurück, da Sie sich nur so rechtliche Sicherheit und Klarheit verschaffen können.

Vorschläge zu einer Vereinbarung finden Sie im nachfolgenden Formulierungsbeispiel:

Kreditvertrag

Wir, _____ und _____ haben bei der _____-Bank einen Kredit in Höhe von _____ aufgenommen. Der Kredit dient der Anschaffung von _____ Dieser Gegenstand steht im Eigentum von _____

Unabhängig von diesem Eigentum werden die Kreditraten in Höhe von monatlich _____ Euro wie folgt bezahlt: Partner A bezahlt monatlich _____ Euro, Partner B bezahlt monatlich … Euro.

(*Alternativ*: Der Kredit wird ausschließlich von Partner _____ bezahlt.)

Im Falle einer Trennung sollen Ausgleichsansprüche bestehen/nicht bestehen. Die Ausgleichsansprüche bestehen nur für die Zukunft, soweit der Kredit noch nicht abbezahlt wurde.

(*Alternativ*: Die Ausgleichsansprüche bestehen auch für die Vergangenheit und für die Zukunft.)

Sie sind wie folgt zu beziffern: Auszugleichen sind die hälftigen bereits bezahlten Raten wie auch die jeweils hälftigen künftigen Raten.

(*Alternativ*: sämtliche Raten)

Der angeschaffte Gegenstand soll im Eigentum von _____ verbleiben.

(*Alternativ im Falle von Miteigentum*: Der angeschaffte Gegenstand soll in das Alleineigentum von _____ übergehen.)

Beide Beteiligten verpflichten sich dafür Sorge zu tragen, dass im Falle einer Trennung der Gegenstand zur alleinigen Verfügung an _____ übergeht.

Diese Vereinbarung steht unter der auflösenden Bedingung, dass unsere Eigentumsverhältnisse gleich bleiben, und gilt im Übrigen nur für die Dauer der Kreditrückzahlung.

3.   Der Umgang mit Bürgschaften

3.1   Rechtliche Ausgangslage

Sobald Verbindlichkeiten, insbesondere im Bankenbereich, begründet werden, besteht seitens des Kreditgebers das Bedürfnis, eventuell zusätzliche Sicherheit zu erhalten.

Definition Bürgschaft In diesem Zusammenhang spielen Bürgschaften in der Bankenpraxis eine große Rolle. Durch eine Bürgschaft verpflichtet sich der Bürge, für die Verbindlichkeit einer anderen Person aufzukommen. Voraussetzung ist, dass die andere Person ihre Verbindlichkeit gegenüber dem Darlehensgeber nicht mehr erfüllen kann. Tritt diese Konstellation ein, kann der Darlehensgeber, regelmäßig also die Bank, den Bürgen in voller Höhe auf den noch offenen Forderungsbetrag in Anspruch nehmen.

Je nach Gestaltung des Bürgschaftsvertrages muss der Gläubiger zuvor gegen den eigentlichen Schuldner rechtlich vorgegangen sein und eventuell Vollstreckungsversuche unternommen haben. Regelmäßig sind jedoch Bürgschaftsverträge so abgefasst, dass der Bürge auch ohne diesen Umweg in Anspruch genommen werden kann.

 Machen Sie sich immer klar, dass derjenige, der eine Bürgschaftsurkunde unterschreibt, so lange in dieser Bürgschaft gefangen ist, wie die Schulden nicht vollständig zurückgeführt wurden.

Folgen Sollte der Kredit notleidend werden, kann der Gläubiger den Bürgen in Anspruch nehmen. Bedient dieser dann den Kredit, geht der Darlehensanspruch normalerweise in voller Höhe der noch offenen Forderung auf den Bürgen über. Dies bedeutet, dass der als Bürge in Anspruch Genommene den tatsächlichen Schuldner anstelle des Kreditgebers in Anspruch nehmen kann.

Sollte jedoch der eigentliche Kreditschuldner in Vermögensverfall geraten, wird der Bürge wenig reale Chancen haben, die von ihm geleisteten Zahlungen vom eigentlichen Schuldner zurückzubekommen.

Beachten Sie im Übrigen, dass im Falle der Bürgschaft, im Gegensatz zur Gesamtschuldnerschaft bei gemeinsamer Darlehensaufnahme, der Bürge einen Anspruch in voller Höhe der von ihm bezahlten Verbindlichkeiten hat und nicht nur in Höhe einer bestimmten Quote. Dies ist einer der wesentlichen Unterschiede zur Gesamtschuldnerschaft (siehe S. 173 f.).

3.2 Folgen

Auch im Rahmen einer Bürgschaft hat der Bestand oder Nichtbestand der nichtehelichen Lebensgemeinschaft zunächst keine Auswirkungen.

Von den grundsätzlich vorgesehenen gesetzlichen Regeln für Bürgschaften ist jedoch deren Anwendung auf den Bereich der nichtehelichen Lebenspartnerschaft bzw. Lebensgemeinschaft zu unterscheiden. Ebenso wie bei einem Kredit gilt der Grundsatz, dass ein Rückgriff auf den Partner nicht in jedem Falle möglich ist. **Abweichung von gesetzlichen Vorgaben**

Diente der durch die Bürgschaft gesicherte Kredit den gemeinsamen Interessen der Lebensgemeinschaft, ist ein Rückgriff ausgeschlossen; war der Zweck des Kredites jedoch im wesentlichen Interesse eines der beiden Partner (zum Beispiel Anschaffung einer Büroausstattung oder eines Fahrzeuges), kommt ein Ausgleichsanspruch für die Zeit nach der Trennung in Betracht.

Die Sach- und Rechtslage ist parallel zu der Kreditvergabe (siehe S. 173 ff.) zu sehen.

Außerdem kann der Bürge nicht immer in Anspruch genommen werden. Dies ist insbesondere dann relevant, wenn bereits bei Unterzeichnung der Bürgschaft offenkundig war, dass der Bürge über kein Einkommen verfügt, mit dem er den Kredit an und für sich bedienen kann. **Schutz des Bürgen**

In einem solchen Falle kann die Bürgschaft von vornherein sittenwidrig und damit unwirksam sein. Außerdem besteht im Trennungsfalle ein berechtigtes Interesse, aus

Sittenwidrigkeit der Bürgschaft

der Bürgschaft entbunden zu werden, bzw. im Fall der Inanspruchnahme kann der Bank entgegengehalten werden, dass der Sinn und Zweck der Bürgschaft nicht auf der Liquidität des Bürgen beruhte, sondern auf dem Schutz der Bank vor einer Vermögensverschiebung. Denn Hintergrund ist auf Seiten der Bank in solchen Fällen die Überlegung, dass bei einem Vermögensverfall des eigentlichen Schuldners und Kreditnehmers eventuell der mit dem Kredit finanzierte Gegenstand dem Bürgen übertragen wird, der seinerseits vermögenslos ist und somit dann die Bürgschaft ins Leere läuft. Diese Vermögensverlagerung soll verhindert werden. Denn wenn der Bürge vermögenslos ist, nach der Übertragung aber einen werthaltigen Vermögensgegenstand besitzt, hat die Bank ein Interesse, in diesen Gegenstand zu vollstrecken.

Nach einer Trennung kann eine derartige Vermögensverschiebung, die auf dem Einvernehmen zwischen Schuldner und Bürgen beruht, nicht mehr erwartet werden, sodass dann das Sicherungsinteresse der Bank zurücktritt und der Bürge nicht in Anspruch genommen werden darf.

Sollte eine solche Konstellation vorliegen, müssen Sie in jedem Falle professionellen Rat in Anspruch nehmen und zwar am besten, bevor Sie die Bürgschaftserklärung selbst unterzeichnen.

Bevor eine Bürgschaftsurkunde unterschrieben wird, sollten im Hinblick auf die weitreichenden Konsequenzen folgende Punkte beachtet werden:

Bürgschaftserklärung

- Sofern eine Kreditvergabe nur gegen Stellung einer Sicherheit erfolgen sollte, prüfen Sie nach, ob die Bürgschaft tatsächlich das einzige Sicherungsmittel ist, das angeboten werden kann. Sollte dies der Fall sein, machen Sie sich die Bedeutung der Bürgschaftsübernahme klar.

- Suchen Sie gegebenenfalls einen Fachmann auf, um sich die Bürgschaftserklärung erläutern und auslegen zu lassen, damit Sie als Bürge in jedem Falle wissen, was auf Sie zukommt.

- Überprüfen Sie, ob die Aufnahme des Kredites im Interesse nur eines Partners erfolgt oder tatsächlich im Interesse beider Partner ist.
- Wägen Sie ab, ob das Risiko, das der Bürge eingeht, die Anschaffung tatsächlich wert ist. Dies ist insbesondere im Hinblick auf eine mögliche Trennung zu überlegen.
- Machen Sie sich auch klar, wer Nutznießer der angeschafften Sache ist und ob eventuell im Rahmen der Trennung bzw. des Bürgschaftsfalles die angeschaffte Sache an den Bürgen herausgegeben werden soll, um dessen Regressanspruch zu bedienen.
- Lassen Sie im Trennungsfalle prüfen, ob Sie aus der Bürgschaft entbunden werden können!

4. Kreditabsicherung durch Eintragung einer Grundschuld

4.1 Rechtliche Ausgangslage

Im Falle einer Kreditvergabe, insbesondere in Zusammenhang mit Immobilienfinanzierungen, will die Bank nicht nur einen Nachweis hinsichtlich einer Liquidität, die ausreicht, die regelmäßigen Kreditraten zu bedienen, sondern eine zusätzliche Sicherheit. Dies ist in der Regel der angeschaffte Gegenstand selbst, also beispielsweise beim Hauskauf die Immobilie. **Bank will Sicherheiten**

In diesem Falle lässt sich die Bank entweder eine Hypothek (heute kaum noch gebräuchlich) oder eine Grundschuld eintragen. Durch die Eintragung einer solchen Grundschuld wird der angeschaffte Gegenstand selbst zur Sicherheit für den Kredit; die Bank erhält Zugriff auf den Vermögensgegenstand und kann diesen gegebenenfalls zwangsversteigern.

Selbstverständlich kann jeder Kredit mit einer Grundschuld eine Immobilie betreffend abgesichert werden. Hierbei ist die Konstellation denkbar, dass einer der Partner einen Kredit aufnimmt und den Kreditvertrag allein unterschreibt und der andere Partner, der Eigentümer einer

Immobilie ist, lediglich mit der Bank einen Grundschuld-vertrag abschließt.

Dies bedeutet, dass der Partner, der die Grundschuld ge-währt, zwar nicht Partner des Darlehensvertrages wird und insofern auch nicht die Raten bezahlen muss. Aber: Sollte der Kreditnehmer den Kredit nicht mehr bedienen können, kann die Bank dann in die Immobilie hinein vollstrecken, das heißt, die Wohnung oder das Haus zwangsversteigern lassen.

 Dass der Partner, der Eigentümer der Immobilie ist, einen Kreditvertrag unterschreibt, ist dazu nicht notwendig.

4.2 Folgen

Für eine eingetragene Grundschuld ist der Bestand der nichtehelichen Lebensgemeinschaft ohne jede Relevanz.

Für den Fall, dass Kreditnehmer und Grundschuldgeber verschiedene Personen sind, also der eine Partner den Kredit aufnimmt und der andere Partner die Belastung des Hauses, das ihm allein gehört, mit einer Grundschuld übernimmt, hat die Bank unabhängig vom Bestand der nichtehelichen Lebensgemeinschaft Zugriff auf die Im-mobilie.

Sollte es zu einer Trennung kommen und der kreditneh-mende Partner in Vermögensverfall geraten oder den Kre-dit aus anderen Gründen nicht mehr bedienen, sind die Folgen für den Partner, der die dingliche Sicherheit gestellt hat, unter Umständen existenziell. Dies auch deshalb, weil es bei der Besicherung eines Kredites mit einer Grund-schuld in der Regel um hohe Geldbeträge geht.

Bevor Sie eine Grundschuld eintragen lassen, ist es ratsam folgende Überlegungen anzustellen:

Grundschuld

- Sofern Sie im Rahmen einer nichtehelichen Lebensge-meinschaft gemeinsam eine Immobilie anschaffen, die mit einer Grundschuld belastet werden soll, müssen Sie sich dringend darüber Gedanken machen, was mit dem Kredit bzw. der Immobilie im Trennungsfall passiert.

- Sollten Verwendungszweck des Kredites und Sicherungsgegenstand nicht identisch sein oder sogar nur einer der beiden Partner den Kredit benötigen und der andere die Sicherheit stellen, machen Sie sich klar, was dieses im »worst case« bedeutet! Prüfen Sie genau, ob unter diesen Umständen der Kredit so zustande kommen soll und ob die Sicherheit so gestellt werden soll.
- Prüfen Sie genau, ob das jeweilige Haftungsrisiko eingegangen werden kann und soll.

5. Die Vollmacht über ein Bankkonto und das gemeinsame Konto

5.1 Rechtliche Ausgangslage

a) Eigenes Bankkonto

Ebenso wie alle Gegenstände, die ein Partner im Rahmen einer gemeinsamen Wohnung einbringt, in seinem Alleineigentum verbleiben, gehören Kontoguthaben demjenigen Partner, der Inhaber dieses Bankkontos ist. Befindet sich auf dem Konto also ein Guthaben, ist alleiniger Inhaber bzw. Anspruchsberechtigter dieses Guthabens der Kontoinhaber. **Grundsatz**

Der Bestand oder Nichtbestand der nichtehelichen Lebensgemeinschaft wirkt sich hierauf nicht aus. **Tipp**

Es besteht jedoch die Möglichkeit, dem anderen Partner eine Bankvollmacht zu erteilen. Dann hat der andere Partner die Verfügungsgewalt über das Konto, ohne dass er Kontoinhaber und somit Eigentümer des Geldes wäre. **Bankvollmacht**

Zum Zeitpunkt einer Trennung erlischt die Voraussetzung einer erteilten Bankvollmacht. Der Partner, der Kontoinhaber ist, muss dies der Bank jedoch ausdrücklich mitteilen und die Vollmacht widerrufen. Andernfalls behält der bevollmächtigte Partner im Außenverhältnis gegenüber der Bank Zugriff auf das Konto. Sollte einer der Partner dann unter Missbrauch der Bankvollmacht nach der Trennung noch Gelder von diesem Konto abheben, muss ein solcher Betrag gegebenenfalls auf dem Klagewege zurückgefordert werden. Die Abhebung als solche kann nur durch Widerruf der Bankvollmacht verhindert werden.

 Umgekehrt hat selbstverständlich derjenige Partner, der nicht Kontoinhaber ist, keinerlei Anspruch auf Geld, das sich auf diesem Konto befindet.

b) Gemeinsames Konto

Grundsatz Daneben besteht die Möglichkeit, ein gemeinsames Konto einzurichten. Dies bedeutet, dass verfügungsberechtigt, somit also befugt von diesem Konto abzuheben oder Überweisungen zu tätigen, entweder der eine Partner oder der andere Partner ist.

Guthaben steht beiden zu Das Guthaben auf einem solchen Konto steht dann den Partnern, sollte es keine anderweitige Vereinbarung geben, jeweils hälftig gemeinsam zu. Von wem welche Gelder zu welchem Zeitpunkt einbezahlt wurden, ist für diese Frage nicht relevant.

5.2 Folgen bei Trennung

Im Trennungsfalle hat jeder der Partner bezogen auf den Stichtag der Trennung einen Anspruch auf Teilung des Kontoguthabens.

In der Praxis kann es selbstverständlich schwierig sein, einen solchen Stichtag festzusetzen. Insbesondere dann, wenn eine Trennung absehbar ist und einer der Partner dann noch größere Geldbeträge abhebt. Diese wären dann zwar in eine Abrechnung mit einzubeziehen, jedoch wird es in der Praxis schwierig sein, solches nachzuweisen, wenn es nicht um außerordentlich hohe Abhebungsbeträge handelt.

 Wichtig ist auch hier zu beachten, dass ein rückwirkender Ausgleichsanspruch für die Einzahlungen auf dieses Konto bzw. die Bezahlung von Verbindlichkeiten von einem solchen gemeinsamen Konto nicht besteht. Es wird davon ausgegangen, dass alle Verfügungen, gleichgültig, ob Abhebungen oder Einzahlungen, im Interesse der nichtehelichen Lebensgemeinschaft vorgenommen wurden.

5.3 Woran bei Bankvollmachten und gemeinsamen Konten zu denken ist

Sie sollten sich Klarheit darüber verschaffen, ob Sie sich wechselseitig Vollmacht über Konten erteilen oder ob Sie gemeinsame Konten einrichten wollen. Nachfolgende Liste soll hierfür eine Hilfestellung bieten:

- Bestehen individuelle Konten, für die wechselseitig Vollmacht erteilt wurde?
- Wenn es nur solche Konten gibt, klären Sie ab, ob die Einrichtung eines gemeinsamen Haushaltskontos, auf das beide gleich hohe Beträge oder auf Grundlage der jeweiligen Lebensgestaltung unterschiedlich hohe Beträge einzahlen, sinnvoll ist.
- Legen Sie genau fest, welche Anschaffungen von Konten, zu denen wechselseitig Vollmacht erteilt wurde, bezahlt werden sollen (nur der allgemeine Lebensbedarf oder auch größere Anschaffungen wie Elektrogeräte oder Ausgaben für Urlaubsreisen, etc.).
- Berücksichtigen Sie bei diesen Quoten, dass die Einbringung finanzieller Leistungen in einer nichtehelichen Lebensgemeinschaft nicht schwerer wiegt als die Erbringung anderer Leistungen, wie zum Beispiel Haushaltsführung, Kinderbetreuung und Alltagsorganisation. Dies ist wichtig vor dem Hintergrund, dass im Falle einer Trennung keine Ausgleichsansprüche für die Vergangenheit bestehen und sie hierdurch Vorsorge dafür leisten, dass keiner der Partner das Gefühl hat, benachteiligt zu sein. Machen Sie sich in diesem Zusammenhang klar, was Sie unter Fairness in der Lebensgestaltung und einem gleichberechtigten Schultern aller Verantwortlichkeiten in der Lebensgestaltung verstehen.
- Achten Sie darauf, auf solchen Konten keine allzu hohen Guthabensbeträge aufkommen zu lassen, um im Krisenfall überproportionale Abhebungen und hieraus

resultierende nachträgliche Rechtsstreitigkeiten zu vermeiden.

- Überlegen Sie in diesem Zusammenhang, ob Guthabensbeträge auf diesen Haushaltskonten am Monatsen-
de hälftig oder mit einer anderen Quote auf Einzelkon-
ten angewiesen werden, sodass im Trennungsfall jeder
Partner ohnehin über ein eigenes Konto verfügt und etwaiges Geldvermögen teilweise bereits fair verteilt ist.

Kapitel 11
Allgemeine Hinweise und Tipps

1. Vollmachten und mehr

1.1 Rechtsgeschäftliche Vollmachten

Im Alltag einer nichtehelichen Lebensgemeinschaft werden eine Vielzahl von Rechtsgeschäften getätigt. Um die Abwicklung von Verträgen und anderem zu erleichtern, kann es deshalb sinnvoll sein, dass sich die Partner rechtsgeschäftliche Vertretungsvollmachten erteilen. Hierunter versteht man, dass eine Person einer anderen Person gestattet, sie beim Abschluss von Verträgen zu vertreten.

Vertretungsvollmachten

Die Rechte und Pflichten aus einem in Folge einer Vollmacht abgeschlossenen Vertrag treffen dann nicht den Bevollmächtigten, also den Inhaber der Vollmacht, sondern den, der vertreten wird. Deshalb sollten Sie mit der Erteilung von Vollmachten grundsätzlich sorgfältig und sparsam umgehen.

a) Vor- und Nachteile einer allgemeinen Vollmacht

Zum einen haben Sie die Möglichkeit, Ihrem Partner eine allgemeine Vollmacht zu erteilen. Dies bedeutet, dass er berechtigt ist, Sie bei jeder Art von Vertrag zu vertreten. Durch die Erteilung wechselseitiger Vollmachten lassen sich somit erhebliche Alltagserleichterungen schaffen.

Aber bedenken Sie: Der Bevollmächtigte ist dann nicht mehr kontrollierbar!

Sie können zwar durch eine interne Vereinbarung eine nach außen unbegrenzte Vollmacht im Innenverhältnis einschränken, jedoch nimmt dies der Wirksamkeit der Vollmacht im Außenverhältnis nichts. Beispielsweise können Sie Ihren Partner bevollmächtigen, Sie bei jedem Kaufvertrag zu vertreten. Intern vereinbaren Sie, dass dies nur für Kaufverträge bis 100 Euro gelten soll. Erwirbt der

Bevollmächtigte dann einen Computer für 1000 Euro, ist dieser Vertrag trotzdem wirksam.

Tipp Wenn Sie die Vollmacht begrenzen wollen, sollten Sie dies immer in die Vollmacht hineinschreiben!

Eine andere Möglichkeit ist die zeitliche Begrenzung einer Vollmacht. Das heißt, Sie befristen die Vollmacht bis zu einem konkreten Datum, sodass die Vollmacht automatisch nach diesem Termin erlischt.

b) Hilfreiche Einzelvollmachten

Post-empfangs-vollmacht Sinnvoll ist in jedem Falle eine Postempfangsvollmacht. Sofern Sie Postsendungen erhalten, die nur Ihnen zugestellt werden können, besteht die Möglichkeit, Ihrem Partner eine schriftliche Vollmacht zu erteilen, dass dieser für Sie empfangsberechtigt ist.

Außerdem haben Sie die Möglichkeit, für jedes konkrete Rechtsgeschäft, das heißt für jeden konkreten Vertrag, eine Vollmacht zu erteilen. Denn es kann bei bestimmten Verträgen im Einzelfall Sinn machen, dem Partner eine Vollmacht für den Abschluss des Vertrages zu erteilen. Beispielsweise wenn Sie einen Mietvertrag abschließen wollen, den Sie mit dem Vermieter bereits besprochen haben und bei dessen Unterzeichnung Sie verhindert sind.

Tipp Zur Absicherung aller Beteiligten sollte die erteilte Vollmacht beim Vertragsabschluss in jedem Falle zumindest in Kopien gemeinsam mit dem geschlossenen Vertrag aufbewahrt werden.

Vollmacht für Alltags-geschäfte Weiterhin kann es sinnvoll sein, eine Vollmacht für Alltagsgeschäfte zu erteilen, beispielsweise um einen Versorgungsvertrag betreffend Strom/Wasser/Gas abzuschließen oder einen Vertrag betreffend Telefon und Internet. Eine solche Vollmacht kann eine organisatorische Erleichterung bringen.

Auch beim Umzug können Einzelvollmachten sinnvoll sein. Da im Rahmen eines Umzuges eine Vielzahl von Verträgen abzuschließen ist, erleichtert eine Vollmacht

für die konkret anstehenden Verträge mit Sicherheit den
Alltagsablauf.

In diesem Zusammenhang wäre auch über Bankvoll-
machten (siehe S. 187 f.) nachzudenken, um bestimmte
Abläufe im Alltag zu vereinfachen.

c) Widerruf von Vollmachten

Im Falle einer Trennung muss Ihnen klar sein, dass jede
Vollmacht gegebenenfalls einzeln zu widerrufen ist. Deshalb kann es auch sinnvoll sein, eine Vollmacht zeitlich
zu befristen.

Gehen Sie in jedem Falle sparsam mit Vollmachten um!

1.2 Vorsorgevollmacht, Patientenverfügung und Betreuerverfügung

Von dieser Frage zu unterscheiden sind die sogenannten
Vorsorgevollmachten und Patientenverfügungen bzw. Betreuerverfügungen.

a) Vorsorgevollmacht

Es besteht die Möglichkeit, für den Fall, dass Sie selbst in   **Definition**
Folge einer schweren Erkrankung, aufgrund eines Unfalls
oder ähnlichem nicht mehr in der Lage sein sollten, Ihre
Angelegenheiten zu regeln, bereits vorab eine generelle
Vollmacht zu erteilen. Diese nennt man Vorsorgevoll-
macht.

Es muss Ihnen allerdings klar sein, dass eine solche Vollmacht ab dem Moment verwendet werden kann, indem Sie
diese errichtet haben.

Im Rahmen der Vollmachtsurkunde kann zwar intern aufgenommen werden, dass dem Bevollmächtigten nur dann
gestattet ist, für Sie tätig zu werden, wenn Sie hierzu aus
bestimmten Gründen nicht mehr in der Lage sind. Wenn
er will, kann er jedoch mit Erhalt der Vollmachtsurkunde
alle Rechtsgeschäfte für Sie tätigen.

Dennoch kann es sinnvoll sein, eine solche Vorsorgevollmacht zu erteilen, weil dann nicht nur finanzielle Angelegenheiten im Krankheitsfalle von Ihrem Partner geregelt werden können, sondern dieser auch Entscheidungen bezüglich Ihrer Gesundheitsversorgung, einer eventuellen Heimunterbringung etc. treffen kann.

b) Patientenverfügung

Eine Vorsorgevollmacht sollte in jedem Falle immer mit einer Patientenverfügung kombiniert werden.

Denn so können Sie dem Bevollmächtigten im Rahmen einer Vorsorgevollmacht auch die Gesundheitsvorsorge für Sie im Krankheitsfalle übertragen.

 Sollte es jedoch beispielsweise nach einer Operation zu Komplikationen kommen und es muss über einen Eingriff entschieden werden, beispielsweise eine künstliche Beatmung oder künstliche Ernährung, kann eine Patientenverfügung Maßstab dessen sein, was der Bevollmächtigte dann gegenüber den Ärzten als Maßgabe entscheidet.

c) Betreuerverfügung

Definition Statt einer solchen Vorsorgevollmacht in Kombination mit einer Patientenverfügung können Sie auch eine sogenannte Betreuerverfügung errichten. Dies bedeutet, dass Sie für alle Fälle, in denen Sie aufgrund von Krankheit oder ähnlichem nicht mehr in der Lage sind, Ihre Geschäfte selbst zu regeln, bestimmen, wer als Betreuer eingesetzt wird.

Denn für Personen, die nicht mehr für sich selbst die Verantwortung tragen und übernehmen können, wird von Amts wegen ein Betreuer bestellt.

Durch eine Betreuerverfügung können Sie entscheiden, wer als Betreuer eingesetzt werden soll. Der Betreuer hat dann sämtliche Rechte und Pflichten, die auch ein Bevollmächtigter hätte.

 Auch in diesem Zusammenhang sollte hinsichtlich der Gesundheitsvorsorge eine Patientenverfügung mit der Betreuerverfügung kombiniert werden. In jedem Falle sollten

Sie sich im Hinblick auf eine solche Verfügung professionell beraten und diese notariell beurkunden lassen.

d) Widerruf der Vollmachten und Betreuerverfügung

Im Falle einer Trennung können die Vollmachten und Betreuerverfügungen frei widerrufen werden.

Sollten Sie eine Vorsorgevollmacht errichtet haben, sollten Sie den Widerruf dieser Vollmacht in jedem Falle auch gegenüber Banken und Kreditinstituten anzeigen.

2. Am Wendepunkt zur Ehe

Oftmals ist die nichteheliche Lebensgemeinschaft lediglich die Vorstufe zu einer Eheschließung.

Bevor Sie jedoch aus den Gewässern der nichtehelichen Lebensgemeinschaft in den Hafen der Ehe einlaufen, sollten Sie Ihre Vermögensverhältnisse genau analysieren, ähnlich als würden Sie eine Trennung vollziehen.

Machen Sie sich klar, dass die Eheschließung auf eine Vielzahl Ihres rechtlichen Lebensnetzwerkes maßgebliche Auswirkungen hat.

2.1 Vermögensrechtliche Fragestellung

Sollten Sie heiraten und keinen Ehevertrag schließen, spielt im Falle einer Scheidung der Vermögensstatus jedes Partners zum Zeitpunkt der Eheschließung eine maßgebliche Rolle. Allein deshalb ist es wichtig, genau zu erfassen, welche Vermögenswerte welchem Partner gehören.

Gerade wenn Sie vor der Eheschließung längere Zeit zusammengelebt und gewirtschaftet haben, sollten Sie Ihre Vermögensverhältnisse nochmals strukturieren, um für Klarheit zu sorgen.

Haben Sie noch keine Inventarliste, sollten Sie zumindest für alle großen Vermögensgegenstände und den Hausrat eine klare Vermögenszuordnung treffen, wem welcher Gegenstand gehört. Eine solche Vermögenszuordnung hat

Inventarliste

auch im Falle des Scheiterns einer Ehe Bedeutung, sodass Sie erwägen sollten, sich diesbezüglich eventuell beraten zu lassen.

Auch betreffend sämtlicher Bankguthaben, Sparverträge, Wertpapierdepots etc. sollte eine klare und faire Zuordnung getroffen werden, wenn die formalen Gegebenheiten nicht unbedingt dem entsprechen, was Ihrem persönlichen Gerechtigkeitsempfinden hinsichtlich der Aufteilung dieser Vermögensgegenstände Rechnung trägt.

2.2 Versicherungen

Durch die Eheschließung werden auch zahlreiche Versicherungen berührt.

Insofern müssen Sie im Hinblick auf eine Eheschließung in jedem Fall mit Ihrer Versicherungsgesellschaft Rücksprache halten, inwieweit durch die Eheschließung die Versicherungsverträge abgeändert, angepasst oder aufgehoben werden müssen.

2.3 Erbrechtliche Folgen

Anpassung bisheriger Regelungen beachten

Eine Eheschließung hat weitgehende erbrechtliche Folgen. Sollten Sie im Hinblick auf die nichteheliche Lebensgemeinschaft bereits letztwillige Verfügungen errichtet haben, müssen diese der neuen Rechtslage angepasst werden.

Gesetzliches Erbrecht

Da der Ehegatte gesetzlicher Erbe ist und somit auch Pflichtteilsansprüche geltend machen kann, müssen letztwillige Verfügungen angepasst werden. Gegebenenfalls können Steuervorteile anders ausgenutzt werden.

Patchwork-Familie

Sofern einer der Partner Kinder aus einer früheren Ehe mitbringt bzw. der andere Partner Vermögenswerte sein eigen nennt, die den Kindern seines Partners nicht im Zuge der gesetzlichen Erbfolge irgendwann zufallen sollen, könnte auch daran gedacht werden, einen Erbvertrag zu schließen. In diesem Zusammenhang kann ein sogenannter Pflichtteilsverzicht sinnvoll sein.

Weiterhin ergeben sich durch die Eheschließung andere Steuerklassen und Freibeträge, sodass vor diesem Hintergrund unter Umständen neue erbrechtliche Konstruktionen sinnvoll sind.

Steuer

2.4 Altersvorsorge

Auch die gesamte Konzeption der Altersvorsorge kann durch die Eheschließung und die hieraus resultierenden wechselseitigen Ansprüche auf Witwen- bzw. Witwerrente Neustrukturierungsbedarf haben. Lassen Sie sich auch diesbezüglich beraten.

3. Zu guter Letzt

Mit Sicherheit sollten Sie weder eine nichteheliche Lebensgemeinschaft noch eine Ehe durch einen Partnerschafts- bzw. Ehevertrag überreglementieren. Machen Sie sich jedoch klar, dass durch einen Vertrag viele Konflikte vermieden und die Lebensverhältnisse für alle Beteiligten fair und gut strukturiert geregelt werden können.

Ein Vertrag hilft Konflikte zu vermeiden

Verwerfen Sie deshalb vertragliche Erwägungen nicht als abergläubisch, Unglück bringend oder unromantisch, sondern sehen Sie diese als Tribut an die Statistik: Jede dritte Ehe (zeitweilig war es fast jede zweite Ehe) wird geschieden und es ist davon auszugehen, dass die Quote bei nichtehelichen Lebensgemeinschaften nicht besser liegt.

Machen Sie sich klar, dass, wenn denn eine Trennung zu irgendeinem Zeitpunkt unabwendbar sein sollte, gerade im Hinblick auf gemeinsame Kinder das respektvolle und würdevolle Auseinandergehen angestrebt werden sollte. Bewusstheit über rechtliche Strukturen und Gegebenheiten sowie ein sinnvoller und fairer Vertrag, der alle wesentlichen Fragen regelt, ersparen Ihnen Auseinandersetzungen.

Sehen Sie einen solchen Vertrag als Versicherung, die man abschließt und regelmäßig bedient, in der Hoffnung, sie zu keinem Zeitpunkt zu benötigen. Sollte dies dann tatsächlich auch der Fall sein – umso besser!

Anhang

1. Aktuelle Steuersätze bei Erbschafts- und
    Schenkungssteuer (Stand: 1. Januar 2008)

Steuerklasse I

Personenkreis	Steuersätze	Freibetrag
Ehegatte	7–30 Prozent (Progression)	307.000 Euro
Kinder		205.000 Euro
Enkel		51.200 Euro
Eltern beim Erbfall		51.200 Euro

Steuerklasse II

Personenkreis	Steuersätze	Freibetrag
Eltern (bei lebzeitiger Übertragung)	12–40 Prozent (Progression)	10.300 Euro
Geschwister		
Nichte, Neffe		
Schwiegerkinder		

Steuerklasse III

Personenkreis	Steuersätze	Freibetrag
Alle anderen (auch nichteheliche Lebensgemeinschaften)	17–50 Prozent (Progression)	5.200 Euro

2. Düsseldorfer Tabelle (Auszug)

A. Kindesunterhalt (Stand: 1. Januar 2008)

	Netto-einkommen des Barunterhalts-pflichtigen, in Euro	Altersstufen, in Jahren (§ 1612 a Abs. 1 BGB)				Prozent-satz	Bedarfs-kontroll-betrag, in Euro
		0–5	6–11	12–17	ab 18		
	Alle Beträge in Euro						
1.	bis 1.500	279	322	365	408	100	770/900
2.	1.501–1.900	293	339	384	429	105	1.000
3.	1.901–2.300	307	355	402	449	110	1.100
4.	2.301–2.700	321	371	420	470	115	1.200
5.	2.701–3.100	335	387	438	490	120	1.300
6.	3.101–3.500	358	413	468	523	128	1.400
7.	3.501–3.900	380	438	497	555	136	1.500
8.	3.901–4.300	402	464	526	588	144	1.600
9.	4.301–4.700	425	490	555	621	152	1.700
10.	4.701–5.100	447	516	584	653	160	1.800
	ab 5.101 Euro nach den Umständen des Falles						

B: Tabelle Zahlbeträge

Die folgenden Tabellen enthalten die sich nach Abzug des jeweiligen Kindergeldanteils (hälftiges Kindergeld bei Minderjährigen, volles Kindergeld bei Volljährigen) ergebenden Zahlbeträge. Für das 1. bis 3. Kind beträgt das Kindergeld derzeit 154 Euro, ab dem 4. Kind 179 Euro.

1. bis 3. Kind		0–5	6–11	12–17	ab 18	Prozent
1.	bis 1.500	202	245	288	254	100
2.	1.501–1.900	216	262	307	275	105
3.	1.901–2.300	230	278	325	295	110
4.	2.301–2.700	244	294	343	316	115
5.	2.701–3.100	258	310	361	336	120
6.	3.101–3.500	281	336	391	369	128
7.	3.501–3.900	303	361	420	401	136
8.	3.901–4.300	325	387	449	434	144
9.	4.301–4.700	348	413	478	467	152
10.	4.701–5.100	370	439	507	499	160

Ab 4. Kind		0–5	6–11	12–17	ab 18	Prozent
1.	bis 1.500	189,50	232,50	275,50	229	100
2.	1.501–1.900	203,50	249,50	294,50	250	105
3.	1.901–2.300	217,50	265,50	312,50	270	110
4.	2.301–2.700	231,50	281,50	330,50	291	115
5.	2.701–3.100	245,50	297,50	348,50	311	120
6.	3.101–3.500	268,50	323,50	378,50	344	128
7.	3.501–3.900	290,50	348,50	407,50	376	136
8.	3.901–4.300	312,50	374,50	436,50	409	144
9.	4.301–4.700	335,50	400,50	465,50	442	152
10.	4.701–5.100	357,50	426,50	494,50	474	160

Stichwortverzeichnis

Herausgeber

Verbraucherzentrale Nordrhein-Westfalen e. V.
Mintropstraße 27, 40215 Düsseldorf
Telefon 0 180 5/00 14 33 (0,14 €/Min. aus dem
deutschen Festnetz, Mobilfunkpreise abweichend)
Telefax 02 11/38 09-2 35
Internet: www.vz-nrw.de
E-Mail: publikationen@vz-nrw.de

Text:	Rechtsanwältin Karin Vetter, Rastatt
Herausgeber:	Karl-Dieter Möller, Thomas Nell
Lektorat:	Wolfgang Starke
Fachliche Mitwirkung:	Rechtsanwalt Dr. Walter Ditz, Rastatt
Redaktion:	Rechtsanwältin Sylvia Isensee, Köln
Produktion:	bretzinger : medien.service, Karlsruhe
Umschlaggestaltung:	Design Ute Lübbeke, Köln
Umschlagfoto:	plainpicture
Druck/Bindung:	Koelblin-Fortuna-Druck GmbH & Co. KG, Baden-Baden